LOIS
DE LA RÉPUBLIQUE FRANÇAISE

AN IV.

DE LA RÉPUBLIQUE UNE ET INDIVISIBLE.

N.° 204.

(N.° 1221.) *CODE des Délits et des Peines.*

Du 3 Brumaire.

DISPOSITIONS PRÉLIMINAIRES.

ART. 1.er Faire ce que défendent, ne pas faire ce qu'ordonnent les lois qui ont pour objet le maintien de l'ordre social et la tranquillité publique, est un délit.

2. Aucun acte, aucune omission, ne peut être réputé délit, s'il n'y a contravention à une loi promulguée antérieurement.

3. Nul délit ne peut être puni de peines qui n'étaient pas prononcées par la loi avant qu'il fût commis.

1. a.

4. Tout délit donne essentiellement lieu à une action publique.

Il peut aussi en résulter une action privée ou civile.

5. L'action publique a pour objet de punir les atteintes portées à l'ordre social.

Elle appartient essentiellement au peuple.

Elle est exercée en son nom par des fonctionnaires spécialement établis à cet effet.

6. L'action civile a pour objet la réparation du dommage que le délit a causé.

Elle appartient à ceux qui ont souffert ce dommage.

7. L'action publique s'éteint par la mort du coupable.

L'action civile peut être exercée contre ses héritiers.

8. L'action civile peut être poursuivie en même temps et devant les mêmes juges que l'action publique.

Elle peut aussi l'être séparément; mais, dans ce cas, l'exercice en est suspendu tant qu'il n'a pas été prononcé définitivement sur l'action publique intentée avant ou pendant la poursuite de l'action civile.

9. Il ne peut être intenté aucune action publique ni civile, pour raison d'un délit, après trois années révolues, à compter du jour où l'existence en a été connue et légalement constatée, lorsque dans cet intervalle il n'a été fait aucune poursuite.

10. Si, dans les trois ans, il a été commencé des poursuites, soit criminelles, soit civiles, à raison d'un délit, l'une et l'autre action durent six ans, même contre ceux qui ne seraient pas impliqués dans ces poursuites.

Les six ans se comptent pareillement du jour où l'existence du délit a été connue et légalement constatée.

Après ce terme, nul ne peut être recherché, soit au criminel, soit au civil, si, dans l'intervalle, il n'a pas été condamné par défaut ou contumace.

11. Tout Français qui s'est rendu coupable, hors du territoire de la République, d'un délit auquel les lois françaises infligent une peine afflictive ou infamante, est jugé et puni en France, lorsqu'il y est arrêté.

12. Sont, dans les mêmes cas, jugés et punis en France, les étrangers qui ont contrefait, altéré ou falsifié, hors du territoire de la République, soit la monnaie nationale, soit des papiers nationaux ayant cours de monnaie, ou qui ont exposé sciemment, hors du territoire de la République, soit des monnaies nationales contrefaites ou altérées, soit des papiers nationaux ayant cours de monnaie, contrefaits ou falsifiés.

13. A l'égard des délits de toute autre nature, les étrangers qui sont prévenus de les avoir commis hors du territoire de la République, ne peuvent être jugés ni punis en France.

Mais, sur la preuve des poursuites faites contre eux dans les pays où ils les ont commis, si ces délits sont du nombre de ceux qui attentent aux personnes ou aux propriétés, et qui, d'après les lois françaises, emportent peine afflictive ou infamante, ils sont condamnés par les tribunaux correctionnels à sortir du territoire français, avec défenses d'y rentrer, jusqu'à ce qu'ils se soient justifiés devant les tribunaux compétens.

14. *Les délits qui se commettent dans l'armée de terre et de mer, sont soumis à des lois particulières pour*

la forme des procédures et des jugemens, et pour la nature des peines. (Article 290 de l'acte constitutionnel.)

15. La répression des délits exige l'action de deux autorités distinctes et incompatibles, celle de la *police* et celle de la *justice.*

L'action de la police précède essentiellement celle de la justice.

LIVRE PREMIER.
DE LA POLICE.

16. La police est instituée pour maintenir l'ordre public, la liberté, la propriété, la sûreté individuelle.

17. Son caractère principal est la vigilance.

La société, considérée en masse, est l'objet de sa sollicitude.

18. Elle se divise en *police administrative* et en *police judiciaire.*

19. La *police administrative* a pour objet le maintien habituel de l'ordre public dans chaque lieu et dans chaque partie de l'administration générale.

Elle tend principalement à prévenir les délits.

Les lois qui la concernent font partie du code des administrations civiles.

20. La *police judiciaire* recherche les délits que la police administrative n'a pas pu empêcher de commettre, en rassemble les preuves, et en livre les auteurs aux tribunaux chargés par la loi de les punir.

TITRE PREMIER.
De la police judiciaire.

21. La police judiciaire est exercée, suivant les distinctions qui vont être établies,

Par les commissaires de police,

Par les gardes champêtres et forestiers;

Par les juges de paix;

Par les directeurs des jurys d'accusation;

Par les capitaines et lieutenans de la gendarmerie nationale.

22. Tous les officiers de police judiciaire sont sous la surveillance générale de l'accusateur public.

23. Les commissaires de police, les gardes champêtres, les gardes forestiers, les juges de paix et les officiers de la gendarmerie nationale du grade désigné en l'article 21, sont en outre et immédiatement sous la surveillance du directeur du jury.

L'accusateur public, soit d'office, soit sur la dénonciation du directeur du jury, poursuit les négligences, abus d'autorité et infractions à la loi, dont les commissaires de police, les juges de paix et les capitaines ou lieutenans de la gendarmerie nationale peuvent se rendre coupables dans l'exercice des fonctions de la police judiciaire.

24. Quant aux gardes champêtres et aux gardes forestiers, les délits qu'ils commettent dans l'exercice de leurs fonctions, sont poursuivis immédiatement par le directeur du jury.

TITRE II.

Des commissaires de police.

25. Dans toutes les communes dont la population ne s'élève pas à cinq mille habitans, les fonctions de commissaire de police sont exercées par l'agent municipal ou son adjoint.

Dans les communes dont la population est de cinq mille à dix mille habitans, il y a un commissaire de police choisi par l'administration municipale.

Dans les communes plus peuplées, l'administration municipale en choisit un par section.

26. Les commissaires de police sont destituables au gré de l'administration municipale.

27. Dans les cantons de Paris, Lyon, Bordeaux et Marseille, la nomination et la destitution des commissaires de police appartiennent au bureau central ;

Il les nomme au nombre déterminé par l'article 25, sur une liste triple des places à remplir, présentée par la municipalité d'arrondissement où ils doivent exercer leurs fonctions.

28. Les commissaires de police, outre les fonctions qui leur sont attribuées dans la police administrative, exercent la police judiciaire relativement à tous les délits commis dans leurs arrondissemens respectifs, dont la peine n'excède pas une amende égale à la valeur de trois journées de travail, ou trois jours d'emprisonnement.

29. En conséquence, ils sont spécialement chargés,

De rechercher tous les délits dont il vient d'être parlé, même ceux qui sont relatifs aux bois et aux productions de la terre, sauf, à l'égard de ces derniers, la concurrence des gardes forestiers et des gardes champêtres ;

De recevoir les rapports, dénonciations et plaintes qui y sont relatifs ;

De dresser des procès-verbaux indicatifs de leur nature et de leurs circonstances, du temps et du lieu où ils ont été commis, des personnes qui en sont présumées coupables ;

De recueillir les preuves et les indices qui existent sur les prévenus ;

De les dénoncer au commissaire du pouvoir exécutif près l'administration municipale, lequel fait citer les prévenus au tribunal de police désigné ci-après, livre II, titre premier.

30. Ils exercent ces fonctions dans toute l'étendue de leurs communes respectives.

31. Néanmoins, dans les communes où il existe plusieurs commissaires de police, l'administration municipale assigne à chacun d'eux un arrondissement particulier.

32. Ces arrondissemens ne limitent ni ne circonscrivent leurs pouvoirs respectifs, mais indiquent seulement les termes dans lesquels chacun d'eux est plus spécialement astreint à un exercice constant et régulier de ses fonctions.

33. Lorsqu'un des commissaires de police d'une même commune se trouve légitimement empêché, celui de l'arrondissement le plus voisin est personnellement tenu de le suppléer.

Le commissaire du pouvoir exécutif près l'administration municipale lui fait, au besoin, toutes réquisitions nécessaires à cet effet, et il est tenu d'y déférer.

34. En cas de difficulté sur la nature de l'empêchement, ou sur la désignation du suppléant, l'administration municipale en décide; mais la réquisition du commissaire du pouvoir exécutif s'exécute provisoirement.

35. Si le commissaire de police d'une commune où il n'en existe qu'un, se trouve légitimement empêché, l'agent municipal ou son adjoint le remplace tant que dure l'empêchement.

36. Les commissaires de police sont tenus, lorsque le juge de paix n'est pas dans le lieu où se commettent des délits qui sont de son ressort, de les constater par des procès-verbaux, de les lui dénoncer, de faire saisir les prévenus pris en fla-

grant délit, ou poursuivis par la clameur publique, et de les faire conduire devant lui.

37. Dans le cas où le commissaire de police remettrait au commissaire du pouvoir exécutif près l'administration municipale de son arrondissement, des dénonciations, procès-verbaux ou autres pièces relatives à un délit dont la peine excède la valeur de trois journées de travail, ou rois jours d'emprisonnement, le commissaire du pouvoir exécutif est tenu de les renvoyer au juge de paix, lequel agit ainsi qu'il est réglé ci-après, titre V.

TITRE III.

Des gardes champêtres et des gardes forestiers.

38. Il y a dans chaque commune rurale au moins un garde champêtre.

L'objet de son institution est la conservation des récoltes, fruits de la terre et propriétés rurales de toute espèce.

Le mode de sa nomination, et ses fonctions considérées comme dépendance de la police administrative, sont réglés par les lois relatives aux administrations civiles.

39. Il y a, pour la conservation des bois et forêts, des gardes forestiers, dans les lieux déterminés par l'administration générale.

Le mode de leur nomination, et leurs fonctions, en tant qu'elles sont étrangères à la police judiciaire, sont réglés par la loi relative à l'administration forestière.

40. Tout propriétaire a le droit d'avoir pour la conservation de ses propriétés un garde champêtre ou forestier.

Il est tenu de le faire agréer par l'administration municipale.

41. Les gardes champêtres et les gardes forestiers, considérés comme officiers de police judiciaire, sont chargés,

De rechercher respectivement tous les délits qui portént atteinte aux propriétés rurales et forestières ;

De dresser des procès-verbaux indicatifs de leur nature et de leurs circonstances, du temps et du lieu où ils ont été commis, des preuves et indices qui existent sur les prévenus ;

De suivre les objets volés dans les lieux où ils ont été transportés, et de les mettre en séquestre ; sans pouvoir néanmoins s'introduire dans les maisons, ateliers, bâtimens et cours adjacentes, si ce n'est en présence, soit d'un officier ou agent municipal ou de son adjoint, soit d'un commissaire de police ;

D'arrêter et de conduire devant le juge de paix, en se faisant pour cet effet donner main-forte par la commune du lieu, qui ne peut la refuser, tout individu qu'il surprendra en flagrant délit.

42. Les gardes forestiers remettent leurs procès-verbaux à l'agent de l'administration forestière désigné par la loi.

La loi règle la manière dont cet agent doit agir en conséquence, suivant la nature des délits.

43. Les gardes champêtres remettent leurs procès-verbaux au commissaire du pouvoir exécutif près l'administration municipale.

44. La remise de chaque procès-verbal se fait, au plus tard, le troisième jour après la reconnaissance du délit qui en est l'objet.

45. Si le délit est de nature à mériter une peine au-dessus de la valeur de trois journées de travail ou de trois jours d'emprisonnement, le commissaire du pouvoir exécutif envoie le procès-verbal

au juge de paix, qui agit en conséquence, comme officier de police judiciaire, ainsi qu'il est réglé par les titres suivans.

46. Si le procès-verbal a pour objet un délit dont la peine n'excède pas la valeur de trois journées de travail ou trois jours d'emprisonnement, le commissaire du pouvoir exécutif fait citer le prévenu devant le tribunal de police désigné ci-après, liv. II, titre I.ᵉʳ

47. Le commissaire du pouvoir exécutif est tenu de dénoncer au directeur du jury les négligences, abus et malversations des gardes champêtres et des gardes forestiers.

Le même devoir est imposé au commissaire de police, au juge de paix, et à tout fonctionnaire public et agent du gouvernement.

TITRE IV.

Des juges de paix.

48. Les juges de paix, considérés comme officiers de police judiciaire, sont chargés,

1.° De recevoir les dénonciations et plaintes relatives à tous les délits qui sont de nature à être punis, soit d'une amende au-dessus de la valeur de trois journées de travail, soit d'un emprisonnement de plus de trois jours, soit d'une peine infamante ou afflictive;

2.° De constater par des procès-verbaux les traces des délits qui en laissent quelques-unes après eux;

3.° De distinguer les hommes justement prévenus, de ceux qui sont faussement inculpés;

4.° De recueillir les indices et les preuves qui existent sur les prévenus;

5.º De les faire traduire devant le directeur du jury.

49. Ils ont le droit de faire agir la force publique pour l'exécution de leurs mandats.

50. Ils ne peuvent exercer leurs fonctions que dans leurs cantons respectifs, et pour raison des délits qui y sont commis, ou dont les auteurs y ont leur résidence habituelle ou momentanée.

51. Néanmoins, en cas d'empêchement du juge de paix d'un canton, celui du canton le plus voisin doit le suppléer, sur la réquisition du directeur du jury.

52. Dans les cantons où il existe plusieurs juges de paix, l'administration du département assigne à chacun d'eux un arrondissement particulier.

53. Ces arrondissemens, en ce qui concerne la police judiciaire, ne limitent ni ne circonscrivent leurs pouvoirs respectifs, mais indiquent seulement les termes dans lesquels chacun d'eux est plus spécialement astreint à un exercice constant et régulier de ses fonctions.

54. Lorsqu'entre plusieurs juges de paix d'un même canton, il s'en trouve un légitimement empêché, celui de l'arrondissement le plus voisin est personnellement tenu de le suppléer.

Le directeur du jury lui adresse, au besoin, tous les ordres nécessaires à cet effet, et il est tenu d'y déférer.

55. En cas de difficulté sur la nature de l'empêchement ou sur la désignation du suppléant, le tribunal criminel du département en décide; mais l'ordre du directeur du jury s'exécute provisoirement.

TITRE V.

Mode de procéder par les juges de paix dans l'exercice des fonctions de la police judiciaire.

§. I.er

Des mandats d'amener, de comparution et d'arrêt.

56. Le juge de paix fait comparaître devant lui tout individu contre lequel il existe des preuves ou des présomptions de délit.

57. L'ordre qu'il donne à cet effet, s'appelle *mandat d'amener.*

58. Le mandat d'amener doit être signé du juge de paix, et scellé de son sceau; il doit nommer ou désigner le prévenu le plus clairement qu'il est possible.

59. Le mandat d'amener est porté par un huissier ou agent de la force publique, lequel en délivre copie à celui qui y est désigné.

60. Le prévenu qui refuse d'obéir au mandat d'amener, ou qui, après avoir déclaré qu'il est prêt à obéir, tente de s'évader, doit y être contraint.

Le porteur du mandat d'amener emploie au besoin, pour cet effet, la force publique du lieu le plus voisin.

Elle est fournie sur la réquisition du juge de paix contenue dans le mandat d'amener.

61. Un prévenu peut être traduit sans mandat d'amener devant le juge de paix, lorsqu'il a été surpris en flagrant délit.

62. En cas de flagrant délit, tout dépositaire de la force publique, et même tout citoyen, est tenu de saisir le prévenu, et de l'amener devant le juge de paix.

63. A cet égard, la loi assimile au cas de flagrant délit celui où le délinquant, surpris au milieu de son crime, est poursuivi par la clameur publique, et celui où un homme est trouvé saisi d'effets, armes, instrumens ou papiers, servant à faire présumer qu'il est l'auteur d'un délit.

64. Le prévenu amené devant le juge de paix, soit en vertu d'un mandat d'amener, soit en vertu de l'ordre d'un commissaire de police, dans les cas prévus par l'article 36, soit de la manière indiquée par les trois articles précédens, doit être examiné sur-le-champ, ou dans le jour au plus tard.

65. Le juge de paix tient ou fait tenir par son greffier, et sur un cahier séparé, une note sommaire des réponses du prévenu.

66. Si le prévenu détruit entièrement les inculpations qui ont déterminé à le faire comparaître, le juge de paix le met en liberté, et il en donne avis au directeur du jury d'accusation, en lui transmettant toutes les pièces.

67. L'acte par lequel le juge de paix met en liberté un prévenu, n'étant qu'une décision provisoire de police, n'empêche pas que celui-ci ne soit recherché et poursuivi de nouveau pour le même fait.

68. Si le prévenu s'évade,

S'il ne peut être trouvé,

S'il use de la faculté énoncée dans l'article 74 ci-après,

Et que, dans l'un ou l'autre de ces trois cas, quatre jours se soient écoulés depuis la notification du mandat d'amener à sa dernière résidence,

Ou si, en comparaissant, il ne détruit pas entièrement les inculpations élevées contre lui,

Le juge de paix procède ainsi qu'il suit.

69. Lorsque le délit est de nature à n'être puni que d'une amende au-dessus de la valeur de trois journées de travail, il ordonne au prévenu de comparaître à jour fixe devant le directeur du jury d'accusation de l'arrondissement dans lequel le délit a été commis.

Cet ordre se nomme *mandat de comparution.*

70. Lorsque le délit est de nature à être puni, soit d'un emprisonnement de plus de trois jours, soit d'une peine infamante ou afflictive, le juge de paix délivre un ordre pour faire conduire le prévenu en la maison d'arrêt du lieu où siége le directeur du jury d'accusation dans l'arrondissement duquel le délit a été commis.

Cet ordre se nomme *mandat d'arrêt.*

71. Le mandat d'arrêt est signé et scellé par le juge de paix.

Il énonce le nom du prévenu, sa profession et son domicile, s'ils sont connus, le sujet de son arrestation, et la loi qui autorise le juge de paix à l'ordonner.

A défaut de quelqu'une de ces formalités, il est nul, et aucun gardien de maison d'arrêt ne peut recevoir le prévenu, sous peine d'être poursuivi comme fauteur et complice de détention arbitraire.

72. Le juge de paix devant lequel est amenée une personne pour délit de nature à n'être puni que d'une amende de trois journées de travail, ou d'un emprisonnement de trois jours, est tenu de la mettre en liberté, et de la renvoyer devant le tribunal de police pour y être entendue et jugée à jour et heure fixes, en communiquant préalablement la dénonciation et les pièces au commissaire du pouvoir exécutif près l'administration municipale dans l'étendue de laquelle le délit a été commis.

73. Les mandats d'amener et d'arrêt, décernés par un juge de paix, sont exécutoires dans tout le territoire de la République.

Si l'inculpé est trouvé hors de l'arrondissement du juge de paix qui a décerné le mandat d'amener ou d'arrêt, il est conduit devant le juge de paix du lieu, lequel vise le mandat, mais sans pouvoir en empêcher l'exécution.

74. Néanmoins le mandat d'amener ne reçoit sa pleine exécution, lorsque le prévenu est trouvé hors de l'arrondissement du juge de paix qui l'a délivré, que dans l'un ou l'autre des trois cas suivans :

1.° Lorsque le prévenu est trouvé dans les deux jours de la date du mandat, à quelque distance que ce soit;

2.° Lorsque, passé deux jours, il est trouvé dans la distance de dix lieues du domicile du juge de paix qui a signé le mandat;

3.° Lorsqu'il est trouvé muni d'effets, de papiers ou d'instrumens qui font présumer qu'il est auteur du délit pour raison duquel il est recherché, quels que soient la distance et le délai dans lesquels il est saisi.

Ces trois cas exceptés, le prévenu trouvé hors de l'arrondissement du juge de paix qui a délivré le mandat d'amener, ne peut être contraint de se rendre devant lui ; mais il peut se faire garder à vue à ses frais ou mettre en arrestation provisoire dans le lieu où il a été trouvé, jusqu'à ce que le jury d'accusation ait prononcé s'il y a lieu à accusation à son égard, ou, lorsqu'il est question d'un délit qui n'emporte pas peine afflictive ou infamante, jusqu'à ce que le tribunal correctionnel soit saisi de la procédure.

Le juge de paix du lieu où il a été trouvé,

rend à cet effet les ordonnances nécessaires, et
il en donne avis sur-le-champ au juge de paix
qui a signé le mandat d'amener.

75. Dans le cas où le mandat d'amener a été
rendu contre un *quidam*, s'il est arrêté dans les
deux jours et dans les dix lieues, il est conduit
aussitôt devant le juge de paix qui a signé le
mandat, et si, après les deux jours, il est arrêté
au-delà de dix lieues, il en est donné avis au
même juge de paix, ainsi que de son nom, de
son domicile et de sa profession, s'il les a déclarés où s'ils sont autrement connus.

Dans ce dernier cas, les quatre jours pour envoyer la procédure au greffe du directeur du jury,
ne commencent que de cette époque.

76. Le juge de paix du lieu du délit, et celui
de la résidence habituelle ou momentanée du prévenu, sont également compétens pour délivrer
contre celui-ci, soit le mandat d'amener, soit le
mandat d'arrêt, soit le mandat de comparution.

77. En cas de concurrence, l'instruction demeure à celui qui a le premier délivré le mandat
d'amener.

78. Si le juge de paix du lieu du délit, et celui
de la résidence, ont délivré le mandat d'amener le
même jour, le juge de paix du lieu du délit est
préféré.

79. Si le juge de paix du lieu de la résidence
habituelle, et celui de la résidence momentanée,
l'ont délivré le même jour, l'instruction demeure
au juge de paix du lieu de la résidence habituelle.

80. Pour délits commis hors du territoire français, les mandats d'amener et d'arrêt, dans les cas
déterminés par les articles 11, 12 et 13, sont décernés par le juge de paix du lieu où réside habi-
tuellement

tuellement le prévenu, ou par celui où il se trouve momentanément.

En cas de concurrence, les articles 77 et 79 règlent auquel des deux l'instruction doit demeurer.

§. II.

Des procédures et actes qui doivent précéder ou suivre les mandats d'amener, de comparution et d'arrêt.

81. Les poursuites qui donnent lieu aux mandats d'amener, de comparution et d'arrêt, se font

Ou sur une dénonciation officielle,

Ou sur une dénonciation civique,

Ou d'après une plainte,

Ou d'office.

82. Dans chacun de ces cas, le juge de paix dresse des procès-verbaux, entend des témoins, recueille les preuves par écrit, et rassemble les pièces de conviction.

De la dénonciation officielle.

83. Toute autorité constituée, tout fonctionnaire ou officier public, qui, dans l'exercice de ses fonctions, acquiert la connaissance ou reçoit la dénonciation d'un délit de nature à être puni, soit d'une amende au-dessus de la valeur de trois journées de travail, soit d'un emprisonnement de plus de trois jours, soit d'une peine afflictive ou infamante, est tenu d'en donner avis sur-le-champ au juge de paix de l'arrondissement dans lequel il a été commis, ou dans lequel réside le prévenu, et de lui transmettre tous les renseignemens, procès-verbaux et actes qui y sont relatifs.

84. Le juge de paix en accuse la réception dans le jour suivant.

1. a.   B

85. S'il trouve dans ces pièces des preuves ou des présomptions contre les personnes indiquées comme auteurs ou complices du délit, il décerne aussitôt un mandat d'amener.

86. Si ces pièces ne lui fournissent pas des renseignemens suffisans pour faire de suite comparaître devant lui les prévenus, il procède ainsi qu'il est réglé ci-après pour les *poursuites d'office.*

De la dénonciation civique.

87. Tout citoyen qui a été témoin d'un attentat, soit contre la liberté, la vie ou la propriété d'un autre, soit contre la sûreté publique ou individuelle, est tenu d'en donner aussitôt avis au juge de paix du lieu du délit, ou à celui de la résidence du prévenu.

88. La dénonciation est rédigée par le dénonciateur, ou par le juge de paix, s'il en est requis.

89. Le juge de paix demande au dénonciateur s'il est prêt à signer et affirmer sa dénonciation.

90. Si le dénonciateur signe sa dénonciation, ou déclare qu'il ne sait ou ne peut écrire, mais qu'il la signerait s'il le pouvait, et s'il affirme qu'elle n'est dictée par aucun intérêt personnel, le juge de paix est tenu de décerner sur-le-champ un mandat d'amener contre le prévenu.

91. La dénonciation est signée à chaque feuillet par le juge de paix et par le dénonciateur : si celui-ci ne sait pas signer, il en est fait mention.

92. Le dénonciateur qui a signé sa dénonciation, a vingt-quatre heures pour s'en désister.

Ce désistement se fait par acte notifié au greffier du juge de paix : l'acte est signé par le dénonciateur ou par son fondé de pouvoir ; dans ce dernier cas, la procuration est annexée à l'acte de désistement.

93. Lorsque le dénonciateur s'est désisté de sa dénonciation, ou qu'il a refusé de la signer, la dénonciation est comme non avenue.

Mais le juge de paix demeure obligé de prendre d'office connaissance des faits, et de faire, s'il y a lieu, contre le prévenu toutes les poursuites ordonnées par la loi.

De la plainte.

94. Tout citoyen qui se prétend lésé par un délit emportant par sa nature une peine afflictive ou infamante, peut en rendre plainte devant le juge de paix du lieu du délit, ou devant celui de la résidence du prévenu.

95. La même faculté a lieu relativement aux délits dont la peine n'est ni afflictive ni infamante, pourvu qu'elle excède la valeur de trois journées de travail, ou trois jours d'emprisonnement ;

Mais, à l'égard de ces délits, la partie lésée peut s'adresser directement au tribunal correctionnel, ainsi qu'il est réglé ci-après, livre II, titre II.

96. Les dispositions des articles 88, 91, 92 et 93, relatives aux dénonciations civiques, sont communes aux plaintes.

97. La plainte, quoique signée et affirmée par le plaignant, ne peut seule, et sans autre preuve ou indice, autoriser le juge de paix à décerner un mandat d'amener contre le prévenu ;

Mais il est tenu d'entendre les témoins indiqués par le plaignant, et de faire, tant pour constater le délit que pour en découvrir l'auteur, toutes les perquisitions, visites et procès-verbaux nécessaires.

98. Lorsqu'un juge de paix refuse de délivrer contre un prévenu, soit un mandat d'amener, soit un mandat d'arrêt, soit un mandat de comparution, le dénonciateur ou le plaignant peut exiger

de lui un acte constatant son refus, et se pourvoir devant le directeur du jury de l'arrondissement dans lequel le délit a été commis.

Il peut même, si le délit est de nature à ne donner lieu qu'à un mandat de comparution, s'adresser directement au tribunal correctionnel, ainsi qu'il est dit ci-dessus, article 95.

99. Dans le cas où le juge de paix qui a reçu la plainte ou dénonciation, n'est ni celui du lieu du délit, ni celui de la résidence du prévenu, il renvoie l'affaire avec toutes les pièces devant le juge de paix du lieu du délit, pour qu'il soit déterminé par celui-ci s'il y a lieu ou non à délivrer le mandat d'amener.

Des poursuites d'office.

100. Toutes les fois qu'un juge de paix apprend, soit par une dénonciation ou plainte, même non signée, ou abandonnée, soit autrement, qu'il a été commis dans son arrondissement un délit de nature à être puni, soit d'une amende au-dessus de la valeur de trois journées de travail, soit d'un emprisonnement de plus de trois jours, soit d'une peine infamante ou afflictive, ou qu'il réside dans ce même arrondissement un prévenu de tel délit, il est tenu, sans attendre aucune réquisition, de faire ses diligences pour s'assurer du fait, découvrir le coupable et le faire comparaître devant lui.

101. En cas de flagrant délit, ou sur la clameur publique, le juge de paix fait saisir et amener devant lui les prévenus, sans attendre d'autres renseignemens, et sans qu'il soit besoin d'aucun mandat.

Si les prévenus ne peuvent être saisis, il délivre un mandat d'amener pour qu'il en soit fait perquisition.

Des procès-verbaux.

102. Lorsqu'il a été commis un délit dont l'existence peut être constatée par un procès-verbal, le juge de paix est tenu, aussitôt qu'il en est informé, de se transporter sur les lieux, pour y décrire en détail le corps du délit avec toutes ses circonstances, et tout ce qui peut servir à conviction ou à décharge.

103. Il se fait, au besoin, accompagner d'une ou de deux personnes présumées, par leur art ou profession, capables d'apprécier la nature et les circonstances du délit.

104. S'il s'agit d'un meurtre ou d'une mort dont la cause est inconnue ou suspecte, le juge de paix doit se faire assister d'un ou de deux officiers de santé.

Dans ce cas, le cadavre ne peut être inhumé qu'après la clôture du procès-verbal.

105. Le juge de paix fait comparaître au procès-verbal toutes les personnes qui peuvent donner des renseignemens sur le délit.

Dans le cas de l'article précédent, il y appelle spécialement les parens et voisins du décédé, ceux qui étaient employés à son service, et ceux qui se sont trouvés en sa compagnie avant son décès.

106. Les déclarations des personnes qui comparaissent au procès-verbal, sont rédigées sommairement en un cahier séparé; elles les signent, ou si elles déclarent ne pouvoir signer, il en est fait mention.

107. Le juge de paix peut défendre que qui que ce soit, jusqu'à la clôture du procès-verbal, sorte de la maison, ou s'éloigne du lieu dans lequel il opère.

Tout contrevenant à cette défense est saisi sur-le-champ, et puni de la manière déterminée au livre *des Peines.*

108. S'il paraît utile à la recherche de la vérité, de procéder à une ou plusieurs visites domiciliaires, le juge de paix rend à cet effet une ordonnance, dans laquelle il énonce expressément les personnes et les objets qui donnent lieu à ces visites. *(Article 359 de l'acte constitutionnel.)*

109. Si des déclarations faites au procès-verbal ou d'autres renseignemens pris sur les lieux, il résulte une preuve quelconque ou des présomptions contre des individus présens, le juge de paix les fait saisir à l'instant, sans qu'il soit besoin de mandat d'amener ; il les interroge, reçoit leurs déclarations, et agit au surplus ainsi qu'il est réglé par les articles 66 et suivans.

110. Dans le cas où le juge de paix qui instruit contre un prévenu résidant dans son arrondissement, n'est pas celui du lieu du délit, les procédures mentionnées aux sept articles précédens se font, sur sa réquisition, par le juge de paix du lieu où le délit a été commis, lequel est tenu de lui envoyer ses procès-verbaux et actes dûment clos et cachetés.

De l'audition des témoins.

111. Le juge de paix fait citer devant lui toutes les personnes qui lui sont indiquées soit par la dénonciation officielle ou civique, soit par la plainte, soit par toute autre voie, comme ayant connaissance du délit qui est l'objet de ses poursuites, ou des circonstances de ce délit.

112. La citation se fait par une cédule signée du juge de paix.

Elle est notifiée aux témoins par un huissier ou agent de la force publique.

113. Il n'est pas besoin de citation à l'égard des témoins amenés devant l'officier de police par le dénonciateur ou plaignant, au moment de sa dénonciation ou plainte, ni à l'égard de ceux que le juge de paix trouve sur les lieux où il s'est transporté pour dresser procès-verbal du corps du délit.

114. Le juge de paix rédige ou fait rédiger par son greffier, sommairement et sur un cahier séparé, les déclarations faites devant lui par les témoins, et il tient ou fait tenir note de leurs noms, surnoms, âge, demeure, état ou profession.

115. Si le prévenu est arrêté lors de la comparution des témoins, ils font leurs déclarations, chacun séparément, en sa présence.

116. S'il n'est arrêté qu'après leur audition, le juge de paix lui donne lecture de leurs déclarations, mais sans lui en délivrer copie.

117. Chaque témoin qui demande une indemnité pour son déplacement, à l'effet de déposer, est taxé par le juge de paix qui l'a fait assigner.

Les directeurs du jury et les présidens des tribunaux criminels taxent de même les indemnités dûes aux témoins qui ont été assignés devant eux à la requête du commissaire du pouvoir exécutif.

118. Lorsqu'il est constaté par le certificat d'un officier de santé, que des témoins se trouvent dans l'impossibilité physique de comparaître sur la citation qui leur est donnée, le juge de paix se transporte en leur demeure pour recevoir leur déclaration.

119. Si ces témoins résident hors de l'arrondissement du juge de paix qui les a cités, celui-ci requiert le juge de paix du lieu de leur résidence de se rendre auprès d'eux pour recevoir leur déclaration.

Il lui adresse à cet effet les notes et renseigne-

1. *a.*   B 4

mens nécessaires pour les interroger sur le délit et ses circonstances.

120. Immédiatement après les avoir entendus, le juge de paix du lieu de leur résidence envoie leur déclaration au juge de paix qui l'a requis de la recevoir.

121. Si le juge de paix qui, dans les cas prévus par les trois articles précédens, s'est transporté auprès d'un témoin, trouve qu'il n'était point dans l'impossibilité de comparaître sur la citation, il décerne contre lui et contre l'officier de santé qui a délivré le certificat ci-dessus mentionné, un mandat d'arrêt en vertu duquel ils sont traduits devant le directeur du jury de l'arrondissement dans l'étendue duquel réside le juge de paix qui a donné la citation.

122. Les témoins qui, hors du cas mentionné en l'article 118, ne comparaissent pas sur la citation qui leur est donnée, et à l'heure qu'elle indique, y sont contraints par un mandat d'arrêt que le juge de paix décerne contre eux.

123. Ils sont en outre, après avoir fait leurs déclarations, conduits, en vertu d'un nouveau mandat, dans la maison d'arrêt établie près le directeur du jury.

124. Sont exceptés ceux qui justifient devant le juge de paix avoir été légitimement empêchés de comparaître aux jour, heure et lieu fixés par la citation.

Dans ce cas, le juge de paix les met en liberté, après avoir reçu leurs déclarations, et il en rend compte au directeur du jury.

Des preuves par écrit et des pièces de conviction.

125. Si la nature du délit est telle que la preuve puisse vraisemblablement en être acquise par les

papiers du prévenu, le juge de paix ordonne, ainsi qu'il est réglé par l'article 108, qu'il sera fait chez lui une visite domiciliaire ; et en exécution de cette ordonnance, il appose les scellés sur ses papiers.

126. Il lève les scellés, examine les papiers, et, s'il y a lieu, en fait la description, le tout en présence du prévenu.

127. Si parmi les papiers trouvés sous les scellés, il en est qui puissent servir à conviction ou à décharge, le juge de paix les joint à son procès-verbal, après les avoir paraphés et fait parapher par le prévenu, à chaque feuillet.

Si le prévenu ne veut ou ne peut pas les parapher, le juge de paix en fait mention dans son procès-verbal.

128. Si les papiers sur lesquels il y a lieu d'apposer les scellés, sont hors de l'arrondissement du juge de paix chargé de l'instruction, il requiert le juge de paix du lieu où ils se trouvent de procéder aux opérations indiquées par les deux articles précédens, et de lui en adresser le résultat dans le plus court délai.

129. Dans ce cas, le prévenu ne peut assister à la levée des scellés, à l'examen et à la description des papiers, que par le ministère d'un fondé de pouvoir.

Mais les papiers qui font charge contre lui, ne peuvent être employés au procès, qu'après lui avoir été représentés personnellement pour les parapher, ainsi qu'il est dit ci-dessus.

130. Toutes les preuves par écrit qui sont produites, soit pour, soit contre le prévenu, sont recueillies par le juge de paix, et il en dresse inventaire.

131. S'il existe des pièces de conviction, il les paraphe, les représente au prévenu, l'interpelle de

les reconnaître, les lui fait parapher, ou fait mention de son refus, et en dresse procès-verbal.

132. Si les pièces de conviction ne sont pas susceptibles de recevoir des caractères d'écriture, le juge de paix y attache une bande de papier qu'il scelle de son sceau, et qu'il paraphe et fait parapher ainsi qu'il vient d'être dit.

TITRE VI.

De l'exécution du mandat d'arrêt.

133. Le mandat d'arrêt est remis à un huissier ou agent de la force publique, qui l'exhibe au prévenu et lui en délivre copie, en s'assurant de sa personne.

134. L'officier chargé de l'exécution d'un mandat d'arrêt, se fait accompagner d'une force suffisante, pour que le prévenu ne puisse se soustraire à la loi.

Cette force est prise dans le lieu le plus à portée de celui où le mandat d'arrêt doit s'exécuter, et elle est fournie sur la réquisition contenue dans le mandat.

135. Si le prévenu ne peut être saisi, le mandat d'arrêt est notifié à sa dernière habitation, et l'officier chargé de l'exécution du mandat d'arrêt dresse procès-verbal de ses perquisitions et diligences.

Ce procès-verbal est dressé en présence de deux des plus proches voisins du prévenu que le porteur du mandat d'arrêt peut trouver. Ils le signent, ou, s'ils ne savent ou ne veulent pas signer, il en est fait mention, ainsi que de l'interpellation qui leur a été faite à ce sujet.

Le porteur du mandat d'arrêt fait en outre viser ce même procès-verbal par l'agent municipal du lieu, ou son adjoint ; et dans les communes qui ont des municipalités particulières, par un des officiers municipaux.

136. Le procès-verbal mentionné dans l'article précédent, est remis au juge de paix, qui l'envoie dans les vingt-quatre heures au directeur du jury, avec toutes les pièces y relatives.

137. Le prévenu saisi en vertu du mandat d'arrêt, est conduit immédiatement dans la maison d'arrêt établie près le directeur du jury.

138. L'officier chargé de l'exécution du mandat d'arrêt, remet le prévenu au gardien de la maison d'arrêt, qui lui en donne une reconnaissance.

Il porte ensuite au greffe du directeur du jury les pièces relatives au délit et à l'arrestation, et en prend également une reconnaissance.

Il fait voir les deux reconnaissances, dans le jour même, au directeur du jury, lequel met, sur l'une et sur l'autre, son vu qu'il date et signe.

Il remet, dans les trois jours suivans, ces mêmes reconnaissances au juge de paix qui a décerné le mandat d'arrêt.

139. L'officier chargé de l'exécution d'un mandat d'arrêt, et le gardien de la maison d'arrêt à qui il remet le prévenu, sont en outre tenus de se conformer aux dispositions des titres XVIII et XIX du livre II ci-après, chacun en ce qui le concerne.

TITRE VII.

Des directeurs du jury d'accusation , capitaines et lieutenans de la gendarmerie nationale , considérés comme officiers de police judiciaire.

140. Conformément à l'article 243 de l'acte constitutionnel, le directeur du jury d'accusation

poursuit immédiatement, comme officier de police judiciaire, les dénonciations que lui fait l'accusateur public, soit d'office, soit d'après les ordres du directoire exécutif,

1.° Des attentats contre la liberté ou sûreté individuelle des citoyens;

2.° De ceux commis contre le droit des gens;

3.° De la rebellion à l'exécution, soit des jugemens, soit de tous les actes exécutoires émanés des autorités constituées;

4.° Des troubles occasionnés, et des voies de fait commises pour entraver la perception des contributions, la libre circulation des subsistances et des autres objets de commerce.

141. Il poursuit également les délits mentionnés dans l'article précédent, sur les plaintes des parties intéressées, sur toutes espèces de dénonciations civiques ou autres qui lui sont adressées, et d'office.

Il en est de même des négligences, abus et malversations des gardes champêtres et des gardes forestiers.

142. Dans les communes dont la population n'excède pas quarante mille habitans, le directeur du jury d'accusation a pareillement, comme officier de police judiciaire, la poursuite immédiate des délits de faux, de banqueroute frauduleuse, concussion, péculat, vol de commis ou d'associés en matière de finance, commerce ou banque.

Les plaintes et dénonciations relatives à ces délits sont portées devant le directeur du jury du lieu où ces délits ont été commis, ou devant celui de la résidence de l'accusé.

143. Dans les communes dont la population est au-dessus de quarante mille habitans, les juges de paix exercent, sur les délits mentionnés en

l'article précédent, les mêmes fonctions de police judiciaire que sur tous autres.

144. Les juges de paix qui reçoivent la dénonciation des délits mentionnés aux articles 140 et 141, et dans les communes de quarante mille habitans ou au-dessous, de ceux mentionnés en l'article 142, la transmettent avec les pièces à l'appui, s'il y en a, au directeur du jury ; ils font saisir les prévenus pris en flagrant délit ou poursuivis par la clameur publique, et les font conduire devant lui.

145. Le directeur du jury peut, pour la recherche et la poursuite d'un délit quelconque, commis dans une commune où il n'y a pas plus d'un juge de paix établi, charger un capitaine ou lieutenant de la gendarmerie nationale de l'exercice des fonctions de la police judiciaire, jusqu'au mandat d'arrêt exclusivement.

146. Le mandat d'amener que l'officier de gendarmerie délivre dans le cas de l'article précédent, porte l'ordre de conduire le prévenu devant le juge de paix ; ou s'il s'agit de délits mentionnés dans les articles 140, 141 et 142, devant le directeur du jury lui-même.

147. Toute personne qui a porté sa plainte ou dénonciation à un juge de paix, peut, sur son refus constaté de délivrer un mandat, soit d'amener, soit d'arrêt, soit de comparution, se présenter au directeur du jury.

Dans ce cas, et dans tous ceux où le directeur du jury trouve que le juge de paix a mal-à-propos refusé de délivrer l'un ou l'autre mandat, il est tenu de le délivrer lui-même.

148. Les règles prescrites au juge de paix par le titre V ci-dessus, sont communes aux directeurs du jury et aux capitaines ou lieutenans de

gendarmerie, dans le cas où ils exercent, d'après les articles précédens, les fonctions de la police judiciaire.

149. Le directeur du jury avertit, et au besoin réprimande les commissaires de police, les officiers de gendarmerie et les juges de paix, dans les opérations desquels il remarque de la négligence.

En cas de fautes plus graves, il les dénonce à l'accusateur public.

LIVRE II.

DE LA JUSTICE.

150. La justice, pour la répression des délits, est administrée,

1.° Par les tribunaux de police, relativement aux délits dont la peine n'est portée par la loi ni au-dessus de la valeur de trois journées de travail, ni au-delà de trois jours d'emprisonnement;

2.° Par les tribunaux correctionnels, relativement aux délits dont la peine excède ou trois journées de travail, ou trois jours d'emprisonnement, et n'est néanmoins ni afflictive ni infamante;

3.° Par les directeurs du jury d'accusation et les tribunaux criminels, relativement aux délits qui emportent peine afflictive ou infamante.

TITRE PREMIER.

Des tribunaux de police.

151. Il y a un tribunal de police dans l'arrondissement de chaque administration municipale.

Ce tribunal est composé du juge de paix et de deux de ses assesseurs.

152. S'il y a plusieurs juges de paix dans l'ar-

rondissement de l'administration municipale, chacun d'eux y fait le service par tour pendant un mois, à commencer par le plus âgé.

153. Toute personne prévenue d'un délit dont la peine n'excède ni la valeur de trois journées de travail, ni trois jours d'emprisonnement, est citée devant le tribunal de police de l'arrondissement dans lequel le délit a été commis, pour y être entendue et jugée en dernier ressort, conformément à la troisième partie de l'article 233 de l'acte constitutionnel, sauf le recours au tribunal de cassation.

La citation est donnée à la requête du commissaire du pouvoir exécutif près l'administration municipale.

Elle peut aussi l'être à la requête des particuliers qui se prétendent lésés par le délit.

154. Dans ce dernier cas, et dans celui où les personnes lésées par le délit interviennent comme parties civiles, sur la citation donnée à la requête du commissaire du pouvoir exécutif, le tribunal de police prononce en dernier ressort, par le même jugement, sur les dommages-intérêts prétendus pour raison du délit, et sur la peine infligée par la loi.

155. La citation est notifiée par un huissier qui en laisse une copie au prévenu.

156. Néanmoins les parties peuvent comparaître volontairement, ou sur un simple avertissement, sans qu'il soit besoin de citation.

157. La citation est donnée à jour et heure fixes.

Il ne peut y avoir entre la citation et la comparution un intervalle moindre de vingt-quatre heures.

158. Si la personne citée ne comparaît pas au jour et à l'heure fixés par la citation, elle est jugée par défaut.

159. La condamnation par défaut est comme
non avenue, si, dans les dix jours de la significa-
cation qui en a été faite à la personne citée, celle-
ci se présente et demande à être entendue.

Néanmoins les frais de la signification du jugement par défaut demeurent à sa charge.

160. Si la personne citée ne comparaît pas dans
les dix jours de la signification du jugement par
défaut, ce jugement demeure définitif.

161. La personne citée comparaît par elle-
même ou par un fondé de procuration spéciale,
sans pouvoir être assistée d'un défenseur officieux
ou conseil.

162. L'instruction de chaque affaire est publique, et se fait dans l'ordre suivant :

1. Les procès-verbaux, s'il y en a, sont lus par le
greffier ;

Les témoins, s'il en a été appelé par le commissaire du pouvoir exécutif, sont entendus ;

La personne citée propose sa défense, et fait
entendre ses témoins, si elle en a amené ou fait
citer ;

Le commissaire du pouvoir exécutif résume
l'affaire et donne ses conclusions ;

Le tribunal prononce ensuite dans la même audience, ou au plus tard dans la suivante ;

Il motive son jugement, et y insère les termes
de la loi qu'il applique ;

Le tout à peine de nullité.

163. Les dispositions des articles 440, 441,
442, 443, 447, 448, 449, 450, 451, 452,
455, 456 et 457, relatives au recours en cassation contre les jugemens des tribunaux criminels,
sont communes au recours en cassation contre les
jugemens des tribunaux de police.

164. Le juge de paix règle le nombre et les
jours

jours des audiences du tribunal de police d'après
celui des affaires; en observant que toute affaire
de nature à être jugée d'après les dispositions du
présent titre, doit l'être au plus tard dans les quinze
jours qui suivent la remise que le commissaire de
police a faite des pièces au commissaire du pouvoir exécutif, en exécution de l'article 29.

165. Le premier et le seize de chaque mois, le
juge de paix envoie au directeur du jury l'extrait
des jugemens que le tribunal de police a rendus
dans les quinze jours précédens.

Le directeur du jury le dépose au greffe du tribunal correctionnel, pour servir de renseignement
sur les délinquans en cas de récidive.

Il en rend un compte sommaire à l'accusateur
public.

166. Le greffier et les huissiers du juge de paix
servent auprès du tribunal de police.

TITRE II.

Des tribunaux correctionnels.

167. *Il y a par département trois tribunaux correctionnels au moins, et six au plus.* (Article 233 de
l'acte constitutionnel.)

168. Les tribunaux correctionnels, outre l'attri-
bution contenue en l'article 13, connaissent de
tous les délits dont la peine n'est ni infamante ni
afflictive, et néanmoins excède la valeur de trois
journées de travail, ou trois jours d'emprisonnement.

169. *Chaque tribunal correctionnel est composé d'un
président, de deux juges de paix ou assesseurs de juge
de paix de la commune où le tribunal est établi, d'un
commissaire nommé et destituable par le directoire exécutif, et d'un greffier.* (Article 234 de l'acte constitutionnel.)

1. a.   C

170. Le greffier est nommé par le président et les deux juges de paix ou assesseurs de juge de paix en activité de service au tribunal, qui le destituent à volonté.

171. *Le président du tribunal correctionnel est pris tous les six mois, et par tour, parmi les membres des sections du tribunal civil du département, les présidens exceptés.* (Article 235 de l'acte constitutionnel.)

172. En cas de mort ou d'empêchement légitime, il est suppléé par celui des juges du tribunal civil qui le suit immédiatement dans l'ordre du tableau.

173. Si la commune où siége le tribunal correctionnel, n'a qu'un juge de paix, ses assesseurs sont appelés à tour de rôle pour tenir lieu du second.

Leur service est réglé de manière qu'il en sorte un chaque mois.

174. S'il y a plus de deux juges de paix dans cette commune, ils font à tour de rôle, et chacun pendant un mois, le service du tribunal correctionnel.

175. Dans aucun cas, un juge de paix ne peut siéger au tribunal correctionnel pour le jugement d'une affaire dans laquelle il a fait les fonctions d'officier de police judiciaire; et s'il est en tour d'y siéger, il est remplacé momentanément par le juge de paix qui le suit dans l'ordre du tableau, ou à défaut de juge de paix, par l'assesseur qui est pareillement indiqué par l'ordre du tableau.

176. A Paris, le tribunal correctionnel est divisé en deux sections.

Pour cet effet, un vice-président est pris tous les six mois dans le tribunal civil, suivant le mode déterminé par l'article 171, et le directoire exécutif nomme un substitut à son commissaire près le tribunal correctionnel.

Le service des deux sections se fait par quatre juges de paix appelés par le président et le vice-président, dans l'ordre réglé par l'article 174.

177. Il y a dans chaque tribunal correctionnel, et à Paris dans chaque section de ce tribunal, un commis-greffier et deux huissiers.

178. Le commis-greffier est nommé par les président, vice-président et juges de paix de service, sur la présentation du greffier.

179. Les président, vice-président et juges de paix de service nomment directement les huissiers, et les destituent à volonté.

180. Le tribunal correctionnel est saisi de la connaissance des délits qui sont de sa compétence, soit par le renvoi que lui en fait le directeur du jury, d'après les règles établies dans le titre suivant, soit par la citation donnée directement au prévenu par la partie plaignante.

181. Dans ce dernier cas, la citation doit contenir la plainte même, qui, dans cette circonstance, n'est sujète à aucune formalité.

182. La citation ne peut être signifiée et ne saisit le tribunal correctionnel qu'après avoir été visée par le directeur du jury.

Le directeur du jury ne la vise qu'après s'être assuré que le délit qui en est l'objet, est de la compétence du tribunal correctionnel.

183. L'audience a lieu sur chaque affaire, dix jours au plus tard, soit après que le directeur du jury en a fait le renvoi au tribunal correctionnel, soit après la signification faite par un huissier de la citation donnée directement au prévenu par la partie plaignante, à moins que les séances du jury d'accusation n'y mettent obstacle.

184. L'instruction se fait à l'audience; le prévenu y est interrogé; les témoins pour et contre

entendus en sa présence; les reproches et les défenses proposées; les pièces lues, s'il y en a, et le jugement prononcé de suite, ou, au plus tard, à l'audience suivante.

185. Les témoins promettent, à l'audience, de parler sans haine et sans crainte, de dire la vérité, toute la vérité, rien que la vérité.

Leurs noms, âge et profession, sont insérés dans le jugement.

Le greffier tient note sommaire de leurs principales déclarations, ainsi que des principaux moyens de défense des prévenus.

186. Les conclusions du commissaire du pouvoir exécutif, celles de la partie plaignante, s'il y en a une, et celles du prévenu, sont fixées par écrit.

187. Il ne se fait aucune autre procédure, sans préjudice du droit qui appartient à chacun d'employer le ministère d'un défenseur officieux.

188. Le dispositif du jugement est divisé en deux parties :

La première déclare les faits dont le prévenu est jugé coupable;

La seconde applique à ces faits la peine portée par la loi.

Le texte de la loi pénale est lu à l'audience par le président, et inséré dans la seconde partie du jugement.

189. Toute contravention aux cinq articles précédens, emporte nullité.

190. Le jugement est exécuté à la diligence du commissaire du pouvoir exécutif.

Néanmoins les poursuites pour le paiement des amendes et confiscations qu'il pourrait prononcer, sont faites, au nom du commissaire du pouvoir exécutif, par le directeur de la régie des droits d'enregistrement et domaines.

191. Le commissaire du pouvoir exécutif est tenu, dans les trois jours qui en suivent la prononciation, d'en envoyer un extrait à l'accusateur public près le tribunal criminel du département.

192. Les jugemens du tribunal correctionnel peuvent être attaqués par la voie d'appel.

193. La faculté d'appeler appartient,

1.° Au condamné ;

2.° A la partie plaignante ;

3.° Au commissaire du pouvoir exécutif ;

4.° A l'accusateur public près le tribunal criminel du département.

194. Le condamné, la partie plaignante, ou le commissaire du pouvoir exécutif qui veulent appeler, sont tenus d'en passer leur déclaration au greffe du tribunal correctionnel, le dixième jour au plus tard après celui qui suit la prononciation du jugement.

Pendant ces dix jours, il est sursis à l'exécution du jugement.

195. La requête contenant les moyens d'appel est remise au greffe du tribunal correctionnel, dans les dix jours accordés par la loi pour appeler.

Elle est signée de l'appelant ou de son fondé de pouvoir.

Dans ce dernier cas, le pouvoir est joint à la requête d'appel.

Le tout à peine de déchéance de l'appel.

196. La requête d'appel est envoyée par le commissaire du pouvoir exécutif au greffe du tribunal criminel du département, le lendemain de la remise qui en a été faite au greffe du tribunal correctionnel.

197. L'appel émis par l'accusateur public n'est pas sujet aux dispositions des trois articles précédens.

1. a. C 3

L'accusateur public a, pour le notifier au prévenu, soit que celui-ci ait été condamné, soit qu'il ait été acquitté, un délai d'un mois, à compter du jour de la prononciation du jugement.

198. L'appel est porté devant le tribunal criminel du département.

199. Il est jugé à l'audience, sur un rapport fait par l'un des juges, à peine de nullité.

Ce rapport se fait dans le mois de la notification de l'appel.

200. Le prévenu, soit qu'il ait été condamné ou acquitté, la partie plaignante, l'accusateur public et le commissaire du pouvoir exécutif près le tribunal criminel, sont entendus à la suite du rapport, et avant que le rapporteur et les autres juges émettent leur opinion; le tout à peine de nullité.

Les témoins peuvent être entendus de nouveau, si le prévenu ou l'accusateur public le requièrent.

201. Le tribunal criminel rejette la requête d'appel, ou annulle le jugement.

Dans l'un et l'autre cas, il motive sa décision.

202. Si le jugement est annullé pour violation ou omission de formes prescrites par la loi à peine de nullité, ou pour incompétence à raison du lieu du délit ou de la résidence du prévenu, le tribunal criminel renvoie le procès à un autre tribunal correctionnel du même département, pour y être recommencé à partir du plus ancien des actes dans lesquels il s'est trouvé une nullité.

203. Si le jugement est annullé parce que le délit qui s'en trouve l'objet est de nature à mériter peine afflictive ou infamante, le tribunal criminel renvoie le prévenu devant un des directeurs du jury d'accusation du département, autre que celui

qui a rendu le jugement, et fait l'instruction préalable.

204. Si le jugement est annullé pour mal jugé au fond, le tribunal criminel statue lui-même définitivement.

205. Les dispositions des articles 440, 441, 442, 443, 447, 448, 449, 450, 451, 452, 455, 456 et 457, relatives au recours en cassation contre les jugemens des tribunaux criminels rendus sur déclarations de jurés, sont communes au recours en cassation contre les jugemens des mêmes tribunaux rendus sur appel des tribunaux correctionnels.

T I T R E   I I I.

Des jurys d'accusation et de leurs directeurs.

206. Les jurés sont des citoyens appelés à l'occasion d'un délit, pour examiner le fait allégué contre le prévenu ou l'accusé, et décider, d'après les preuves qui leur sont fournies et leur conviction personnelle, si le délit existe, et quel est le coupable.

207. Ils ne sont point fonctionnaires publics ; aucun caractère distinctif, aucune marque extérieure, ne les désigne à leurs concitoyens comme devant être leurs juges dans telles ou telles circonstances.

208. Les jurés sont appelés, soit pour décider si une accusation doit être admise, soit pour juger si l'accusation est fondée.

La loi les désigne, au premier cas, sous le nom de *jurés d'accusation* ; au second, sous celui de *jurés de jugement*.

209. Le concours de huit jurés est nécessaire,

1. a.   C 4

à peine de nullité, pour former un *jury d'accu-sation.*

210. Le jury d'accusation se compose ainsi qu'il est réglé par les titres X, XI et XIII ci-après.

211. Il y a, dans chaque département, autant de directeurs de jurys d'accusation que de tribunaux correctionnels.

Les présidens des tribunaux correctionnels en sont les directeurs, chacun dans son arrondissement. (Article 240 de l'acte constitutionnel.)

212. A Paris, le jury d'accusation a huit directeurs, qui sont pris dans le tribunal civil, suivant la même règle par l'article 171, y compris le président et le vice-président du tribunal correctionnel.

213. Les fonctions de commissaire du pouvoir exécutif et de greffier près le directeur du jury d'accusation, sont remplies par le commissaire du pouvoir exécutif et par le greffier du tribunal correctionnel. (Article 241 de l'acte constitutionnel.)

214. A Paris, le commissaire du pouvoir exécutif près le tribunal correctionnel a un substitut spécialement attaché aux directeurs du jury.

Dans la même commune, les directeurs du jury qui ne sont pas attachés au tribunal correctionnel, concourent avec les membres de ce tribunal à la nomination et à la destitution du greffier.

215. Tout directeur du jury tient un registre dans lequel il annote par ordre de date les visa qu'il délivre, en exécution de l'article 138.

216. Dans les vingt-quatre heures de la remise qui est faite d'un prévenu dans la maison d'arrêt, le directeur du jury l'interroge, et fait tenir note de ses réponses.

Cette note est tenue par le greffier, qui la signe, ainsi que le directeur du jury.

217. Après avoir entendu le prévenu, s'il est présent, et pris lecture des pièces, le directeur du jury examine d'abord si les formes prescrites par la loi pour la validité du mandat d'arrêt, ont été remplies.

En cas qu'elles ne l'aient pas été, ou s'il trouve que l'officier de police n'était pas compétent d'après les règles prescrites par les articles 76, 77, 78, 79 et 80, il annulle le mandat d'arrêt, et en décerne sur-le-champ un nouveau, s'il y a lieu ; sinon, il met le prévenu en liberté.

218. Le directeur du jury s'assure ensuite de sa compétence ; et s'il trouve que ce n'est pas à lui, mais à un autre directeur de jury, que l'affaire devait être adressée d'après les règles prescrites par les articles 70 et 142, il rend une ordonnance pour la renvoyer au directeur du jury compétent, et faire conduire devant lui le prévenu, s'il est présent.

219. Ces préliminaires remplis, si l'affaire a pour objet un délit qui n'emporte pas peine afflictive ou infamante, le directeur du jury rend une ordonnance par laquelle il la renvoie devant le tribunal correctionnel, à moins que le fait ne soit de la compétence du tribunal de police ; auquel cas, il le renvoie à celui-ci, en cassant le mandat d'arrêt.

220. S'il s'agit, au contraire, d'un délit emportant peine afflictive ou infamante, il rend une ordonnance par laquelle il traduit le prévenu devant le jury d'accusation.

221. Les ordonnances mentionnées dans les articles 217, 218, 219 et 220, sont, à peine de nullité, précédées des conclusions du commissaire du pouvoir exécutif.

Le directeur du jury les motive, et il en

envoie, dans les trois jours suivans, un extrait à l'accusateur public.

222. Lorsque le délit qui a donné lieu au mandat d'arrêt, n'emporte pas une peine afflictive, mais seulement une peine infamante ou moindre, le directeur du jury met provisoirement le prévenu en liberté, si celui-ci le demande, et si, en outre, il donne caution solvable de se représenter à la justice toutes les fois qu'il en sera requis.

Pour cet effet, la caution offerte par le prévenu fait sa soumission, soit au greffe du directeur du jury, soit par-devant notaire, de payer à la République, entre les mains du receveur du droit d'enregistrement, une somme de trois mille livres, en cas que le prévenu soit constitué en défaut de se représenter à la justice.

Ce paiement est effectué, le cas arrivant, sur une ordonnance du directeur du jury, rendue d'après la réquisition du commissaire du pouvoir exécutif, au nom duquel le directeur des droits d'enregistrement et domaines en poursuit l'exécution.

223. Immédiatement après avoir rendu son ordonnance pour traduire le prévenu devant le jury d'accusation, s'il n'y a point de partie plaignante ou dénonciatrice, le directeur du jury dresse l'acte d'accusation.

224. Dans le cas où il y a une partie plaignante ou dénonciatrice, le directeur du jury ne peut dresser l'acte d'accusation qu'après deux jours révolus depuis l'arrivée du prévenu en la maison d'arrêt, ou depuis la remise des pièces entre les mains de son greffier; mais, ce délai passé sans que la partie ait comparu, il est tenu d'agir ainsi qu'il est prescrit par l'article précédent.

225. Si cependant il y a de nouveaux témoins

qui n'aient pas été entendus devant l'officier de
police judiciaire, le directeur du jury les fait citer
devant lui, reçoit leurs déclarations secrètement,
et les fait écrire par son greffier.

226. Lorsqu'il y a une partie plaignante ou
dénonciatrice, et qu'elle se présente au directeur
du jury par elle-même ou par un fondé de procuration spéciale, dans le délai fixé par l'article 224,
l'acte d'accusation est dressé de concert avec elle.

227. Si le directeur du jury et la partie plaignante ou dénonciatrice ne peuvent s'accorder,
soit sur les faits, soit sur la nature de l'acte d'accusation, chacun d'eux rédige séparément son acte
d'accusation.

228. Il ne peut être dressé d'acte d'accusation
que pour délit emportant peine afflictive ou infamante.

229. L'acte d'accusation expose le fait et
toutes ses circonstances.

Celui ou ceux qui en sont l'objet, y sont clairement désignés et dénommés.

La nature du délit y est déterminée avec le plus
de précision qu'il est possible.

230. L'acte d'accusation n'est présenté au jury
qu'après avoir été communiqué au commissaire
du pouvoir exécutif, qui y met son vu.

231. S'il a été dressé un procès-verbal qui
constate le corps du délit, il est annexé à l'acte
d'accusation, qui en fait mention expresse, pour
être présenté conjointement au jury.

232. Tout acte d'accusation, dans lequel n'ont
pas été observées les dispositions des articles 224,
226, 227, 228, 229, 230 et 231 ci-dessus,
est nul, ainsi que tout ce qui peut s'ensuivre.

233. Lorsque plusieurs prévenus sont impliqués
dans la même procédure, ou lorsque plusieurs

délits sont imputés au même prévenu, le directeur du jury peut dresser un ou plusieurs actes d'accusation, suivant ce qui résulte des pièces relatives aux différens prévenus ou aux différentes espèces de délits.

234. Néanmoins le directeur du jury ne peut, à peine de nullité, diviser en plusieurs actes d'accusation, à l'égard d'un seul et même individu, soit les différentes branches et circonstances d'un même délit, soit les délits connexes, dont les pièces se trouvent en même temps produites devant lui.

235. Quand l'acte d'accusation est dressé et visé par le commissaire du pouvoir exécutif, des jurés sont appelés pour l'admettre ou le rejeter.

Le mode de leur convocation est déterminé par le titre XI ci-après.

236. Les jurés étant assemblés au jour indiqué, le directeur du jury leur adresse, en présence du commissaire du pouvoir exécutif, les paroles suivantes :

« Citoyens, vous promettez d'examiner avec
» attention les témoins et les pièces qui vous
» seront présentés ; d'en garder le secret ; de vous
» expliquer avec loyauté sur l'acte d'accusation
» qui va vous être remis ; et de ne suivre ni les
» mouvemens de la haine ou de la méchanceté,
» ni ceux de la crainte ou de l'affection ».

Chacun des jurés répond individuellement :
« Je le promets ».

237. Le directeur du jury expose ensuite aux jurés l'objet de l'accusation ; il leur explique avec clarté et simplicité les fonctions qu'ils ont à remplir ; et afin qu'ils ne perdent jamais de vue l'objet de leur mission, il leur fait lecture de l'instruction suivante, qui demeure inscrite en gros caractères dans la salle destinée à leurs délibérations :

« Les jurés d'accusation n'oht pas à juger si le
» prévenu est coupable ou non, mais seulement
» s'il y a déjà des preuves suffisantes à l'appul de
» l'accusation.

» Ils apercevront aisément le but de leurs fonc-
» tions, en se rappelant les motifs qui ont déterminé
» la loi à établir un jury d'accusation.

» Ces motifs ont leur base dans le respect pour
» la liberté individuelle. La loi, en donnant au
» ministère actif de la police le droit d'arrêter un
» homme prévenu d'un délit, a borné ce pouvoir
» au seul fait de l'arrestation.

» Mais une simple prévention, qui souvent a pu
» suffire pour qu'on s'assurât d'un homme, ne suffit
» pas pour le priver de sa liberté pour l'instruction
» d'un procès, et l'exposer à subir l'appareil d'une
» procédure criminelle.

» La loi a prévenu ce dangereux inconvénient;
» et à l'instant même où un homme est arrêté par
» la police, il trouve des moyens faciles et prompts
» de recouvrer sa liberté, s'il ne l'a perdue que par
» l'effet d'une erreur ou de soupçons mal fondés;
» ou si son arrestation n'est que le fruit de l'intri-
» gue, de la violence, ou d'un abus d'autorité. Il
» faut alors qu'on articule contre lui un fait grave;
» ce ne sont plus de simples soupçons, une simple
» prévention, mais de fortes présomptions, un
» commencement de preuves déterminantes, qui
» doivent provoquer la décision des jurés pour
» l'admission de l'acte d'accusation ».

238. Après la lecture de cette instruction, le
directeur du jury, le commissaire du pouvoir exécutif toujours présent, fait celle de l'acte d'accusation et des pièces y relatives, autres que les déclarations des témoins et les interrogatoires des prévenus.

Les témoins sont ensuite entendus de vive voix, ainsi que la partie plaignante ou dénonciatrice, si elle est présente.

Cela fait, le directeur du jury et le commissaire du pouvoir exécutif se retirent, après avoir remis aux jurés toutes les pièces, à l'exception des déclarations écrites des témoins et des interrogatoires des prévenus.

Les jurés restent et délibèrent entre eux sans désemparer.

239. Toute contravention aux trois articles précédens emporte nullité.

240. Les jurés d'accusation ont pour chef le plus âgé d'entre eux; il les préside et recueille les voix.

241. Ils n'ont pas le droit d'examiner si le délit porté dans l'acte d'accusation, mérite peine afflictive ou infamante.

242. Réciproquement, le directeur du jury n'a pas le droit d'examiner si, dans une procédure faite par un officier de police judiciaire, relativement à un délit emportant par sa nature peine afflictive ou infamante, les circonstances et les preuves sont ou non assez graves pour déterminer une accusation, et il ne peut, sous ce prétexte, refuser de dresser un acte d'accusation.

243. Si la majorité des jurés trouve que l'accusation doit être admise, leur chef met au bas de l'acte cette formule affirmative : *La déclaration du jury est : OUI, IL Y A LIEU.*

Si la majorité des jurés ou seulement quatre d'entre eux trouvent que l'accusation ne doit pas être admise, leur chef met au bas de l'acte cette formule négative : *La déclaration du jury est : NON, IL N'Y A PAS LIEU.*

244. Dans le cas mentionné en l'article 227,

où le directeur du jury et la partie plaignante ou dénonciatrice ont présenté chacun un acte d'accusation séparé, les jurés déterminent celle des deux accusations qui doit avoir lieu, en mettant au Las de l'un des actes, par le ministère de leur chef, la formule affirmative : *oui, il y a lieu ;* et au bas de l'autre acte, la formule négative : *non, il n'y a pas lieu.*

Si aucune des deux accusations ne leur paraît devoir être admise, leur chef met la formule négative au bas des deux actes.

245. Si les jurés estiment qu'il y a lieu à une accusation, mais différente de celle qui est portée dans l'acte ou dans les actes d'accusation sur lesquels ils délibèrent, leur chef met au bas : *La déclaration du jury est : IL N'Y A PAS LIEU À LA PRÉSENTE ACCUSATION.*

246. Dans ce cas, le directeur du jury peut, sur les déclarations écrites des témoins et sur les autres renseignemens, dresser un nouvel acte d'accusation.

La partie plaignante ou dénonciatrice qui a présenté un acte d'accusation sur lequel le jury a prononcé de la manière énoncée dans l'article précédent, a la même faculté.

247. Dans tous les cas, la déclaration des jurés est datée et signée par leur chef, à peine de nullité.

Il la remet, en leur présence, au directeur du jury, qui en dresse procès-verbal.

248. Les jurés sont tenus de mettre au bas de l'acte ou des actes d'accusation, l'une des trois formules indiquées par les articles 243, 244 et 245 ci-dessus.

249. En cas de contravention, le directeur du jury ne peut recevoir leur déclaration.

Il entend le commissaire du pouvoir exécutif,

et, sur sa réquisition, il prononce la nullité des déclarations, procès-verbaux et autres actes que les jurés ont pu dresser.

250. Il ordonne en outre que les jurés se rassembleront de nouveau et procéderont sans désemparer, conformément à la loi.

251. En cas de refus ou de résistance de la part des jurés, le directeur du jury, après avoir de nouveau entendu le commissaire du pouvoir exécutif, les condamne, en dernier ressort, à une amende qui ne peut être moindre de 100 liv., ni plus forte de 500 liv. pour chacun d'eux, sans préjudice des poursuites criminelles dans les cas prévus par la loi.

252. Lorsque plusieurs prévenus sont compris dans le même acte d'accusation, les jurés peuvent diviser leur déclaration, admettre l'accusation contre les uns, et la rejeter à l'égard des autres.

Dans ce cas, leur chef écrit au bas de l'acte cette formule : *Il y a lieu contre tel et tel ; il n'y a pas lieu à l'égard de tel et tel.*

253. Si les jurés prononcent qu'il n'y a pas lieu à accusation, le directeur du jury met sur-le-champ le prévenu en liberté, et il en donne avis à l'accusateur public.

254. Il en donne pareillement avis, dans le cas de l'article 74, à l'officier de police judiciaire qui a délivré le mandat d'amener, et il lui enjoint de faire cesser toute poursuite ou détention du prévenu.

255. Le prévenu à l'égard duquel le jury d'accusation a déclaré qu'il n'y a pas lieu à accusation, ne peut plus être poursuivi à raison du même fait, à moins que, sur de nouvelles charges, il ne soit présenté un nouvel acte d'accusation.

256. Si le jury d'accusation déclare qu'il y a
lieu

lieu à accusation, le directeur du jury procède ainsi qu'il suit.

257. Si le prévenu a été précédemment reçu à caution, conformément à ce qui est réglé par l'article 222, le directeur du jury rend sur-le-champ une ordonnance qui enjoint à l'accusé de se représenter devant le tribunal criminel à tous les actes de la procédure, et d'élire domicile dans le lieu où ce tribunal tient ses séances, le tout à peine d'y être contraint par corps.

258. Si le prévenu n'a pas été reçu à caution, le directeur du jury rend sur-le-champ une ordonnance de prise-de-corps contre l'accusé.

259. Les ordonnances mentionnées dans les deux articles précédens, sont signifiées à l'accusé, et il lui en est laissé copie.

Elles sont nulles, si elles ne contiennent le nom de l'accusé, son signalement, sa profession et son domicile, s'ils sont connus, ainsi que la copie de l'acte d'accusation, et si elles ne rappellent la loi en conformité de laquelle elles sont portées.

260. L'ordonnance de prise-de-corps doit contenir en outre l'ordre de conduire l'accusé à la maison de justice établie près le tribunal criminel.

261. Le directeur du jury est tenu, sous peine de suspension de ses fonctions, d'en donner avis, tant à la municipalité du lieu où le jury d'accusation s'est assemblé, qu'à celle du domicile de l'accusé, s'il est connu.

262. En vertu de l'ordonnance de prise-de-corps, et dans les vingt-quatre heures qui en suivent la signification, l'accusé est transféré de la maison d'arrêt à la maison de justice.

S'il n'est pas arrêté, il doit être saisi en quelque lieu qu'il se trouve.

263. Si, sur l'ordonnance de prise-de-corps,

1. a.   D

l'accusé ne peut être saisi, on procède contre lui par contumace, ainsi qu'il est réglé ci-après, titre IX.

264. Les perquisitions, poursuites, significations et actes quelconques, qui ont lieu en vertu des ordonnances du directeur du jury, mentionnées dans les articles 257 et 258 ci-dessus, se font à la requête et diligence du commissaire du pouvoir exécutif, établi près de lui.

TITRE IV.

Des tribunaux criminels.

265. *Il y a un tribunal criminel pour chaque département.* (Article 244 de l'acte constitutionnel.)

266. Le tribunal criminel est composé d'un président, d'un accusateur public, de quatre juges pris dans le tribunal civil, du commissaire du pouvoir exécutif près le même tribunal, d'un substitut qui lui est donné spécialement par le directoire exécutif pour le service du tribunal criminel, et d'un greffier.

267. *Les présidens du tribunal civil ne peuvent remplir les fonctions de juges au tribunal criminel.* (Article 246 de l'acte constitutionnel.)

268. *Les autres juges y font le service, chacun à son tour, pendant six mois, dans l'ordre de leur nomination, et ils ne peuvent pendant ce temps exercer aucune fonction au tribunal civil.* (Article 247 de l'acte constitutionnel.)

269. En cas de mort ou d'empêchement légitime du président, les quatre juges réunis à un cinquième qui est pris pour cet effet dans le tribunal civil suivant l'ordre du tableau, nomment entre eux, au scrutin, celui qui doit le remplacer provisoirement.

270. En cas de mort ou d'empêchement légitime de l'accusateur public, les cinq juges du tribunal criminel, réunis à un sixième pris pour cet effet dans le tribunal civil suivant l'ordre du tableau, choisissent entre eux, au scrutin, celui qui doit le remplacer provisoirement.

Ce choix ne peut, en aucun cas, tomber sur le président.

271. En cas de mort ou d'empêchement légitime du commissaire du pouvoir exécutif, ou de son subsitut près le tribunal criminel, l'un ou l'autre est remplacé provisoirement par le substitut près le tribunal civil, lequel pourvoit, pour ce qui le concerne, au remplacement provisoire de celui-ci.

272. Le tribunal criminel ne peut rendre aucun jugement, même de simple instruction, qu'au nombre de cinq juges.

Il juge toujours en dernier ressort.

Fonctions du président.

273. Le président, outre les fonctions de juge, est chargé ,

1.° D'entendre l'accusé au moment de son arrivée dans la maison de justice, ou vingt-quatre heures après au plus tard ;

2.° De faire tirer au sort les jurés, et de les convoquer.

Il peut néanmoins déléguer ces fonctions à l'un des juges.

274. Il est en outre chargé personnellement,

1.° De diriger les jurés de jugement dans l'exercice des fonctions qui leur sont assignées par la loi ; de leur exposer l'affaire sur laquelle ils ont à délibérer, même de leur rappeler leur devoir ;

2.° De présider à toute l'instruction, et de déterminer l'ordre entre ceux qui demandent à parler.

275. Il a la police de l'auditoire.

276. En vertu du *pouvoir discrétionnaire* dont il est investi, il peut prendre sur lui tout ce qu'il croit utile pour découvrir la vérité ; et la loi charge son honneur et sa conscience d'employer tous ses efforts pour en favoriser la manifestation.

277. Ainsi il doit mettre en usage tous les moyens d'éclaircissement proposés par les parties, ou demandés par les jurés, qui peuvent jeter un jour utile sur le fait contesté ;

Mais il doit rejeter ceux qui tendraient à prolonger inutilement le débat, sans donner lieu d'espérer plus de certitude dans les résultats.

Fonctions de l'accusateur public.

278. L'accusateur public poursuit les délits devant le tribunal criminel, sur les actes d'accusation admis par les premiers jurés.

279. Il ne peut porter au tribunal criminel aucune autre accusation, à peine de forfaiture.

280. Mais il peut et il doit, comme tous les fonctionnaires publics, dénoncer aux officiers de police judiciaire les délits dont il a connaissance, et qu'il sait n'être pas poursuivis.

281. Il reçoit les dénonciations et plaintes qui lui sont adressées directement, soit par le directoire exécutif ou son commissaire, soit par les ministres, soit par le tribunal criminel, soit par un fonctionnaire public quelconque, ou par un simple citoyen.

Il les transmet aux officiers de police judiciaire, et veille à ce qu'elles soient poursuivies, ainsi que celles mentionnées en l'article précédent, par les voies et suivant les formes établies par la loi.

282. Le directoire exécutif et les ministres ne peuvent adresser aucune dénonciation à l'accusateur public, que par l'intermédiaire du commissaire du pouvoir exécutif près le tribunal criminel.

283. L'accusateur public a la surveillance sur tous les officiers de police judiciaire et directeurs du jury du département.

284. En cas de négligence des officiers de police judiciaire dans l'exercice de leurs fonctions, il les avertit, ou les réprimande fraternellement, suivant les circonstances,

En cas de récidive, il les fait citer devant le tribunal criminel, qui, après les avoir entendus, leur enjoint publiquement d'être plus exacts à l'avenir, et les condamne aux frais de la citation, ainsi que de la signification du jugement.

285. Si un officier de police judiciaire s'est rendu coupable, dans l'exercice de ses fonctions, d'un délit dont la peine n'est ni afflictive ni infamante, l'accusateur public le cite, par un mandat de comparution, devant le tribunal criminel, qui, dans ce cas, prononce comme tribunal correctionnel, sans néanmoins qu'il puisse y avoir appel de ses jugemens.

286. Si un officier de police judiciaire s'est rendu coupable, dans l'exercice de ses fonctions, d'un délit emportant peine afflictive ou infamante, l'accusateur public remplit à son égard les fonctions d'officier de police judiciaire; et, après avoir décerné contre lui les mandats d'amener et d'arrêt, il l'envoie devant le directeur du jury de l'arrondissement dans lequel le délit a été commis.

287. A l'égard des directeurs du jury, si l'accusateur public remarque de la négligence dans l'exercice de leurs fonctions, il est tenu de les en avertir.

1. d.   D 3

S'il y a lieu à une répri..nde fraternelle, il s'adresse au tribunal assemblé en chambre de conseil, qui en délibère, et écrit en conséquence au directeur du jury.

288. En cas de récidive de la part du directeur du jury, l'accusateur public en réfère au tribunal criminel, lequel, s'il y a lieu, fait citer à son audience le directeur du jury, et, après l'avoir entendu, lui enjoint d'être plus exact à l'avenir, en le condamnant aux frais de la citation, ainsi que de la signification du jugement.

289. Si un directeur du jury s'est rendu coupable, même hors de l'exercice de ses fonctions, d'un délit dont la peine n'est ni afflictive ni infamante, l'accusateur public le fait citer au tribunal criminel, qui prononce comme dans le cas de l'article 285.

290. Si un directeur du jury s'est rendu coupable, même hors de l'exercice de ses fonctions, d'un délit emportant peine afflictive ou infamante, l'accusateur public remplit à son égard les fonctions d'officier de police judiciaire, et de directeur du jury d'accusation.

Si l'accusation est admise, il rend contre lui une ordonnance de prise-de-corps, et le fait transférer dans la maison de justice du tribunal criminel.

291. Dans le cas de l'article précédent, et dans celui de l'article 286, l'accusateur public peut déléguer à un officier de police ou directeur du jury, les fonctions de police judiciaire autres que les mandats d'amener, de comparution et d'arrêt.

Fonctions du commissaire du pouvoir exécutif.

1. 292. Dans tous les procès portés au tribunal criminel, soit pour délit de nature à être jugé

correctionnellement, soit en vertu d'une ordonnance de prise-de-corps, décernée à la suite d'une déclaration du jury d'accusation, le commissaire du pouvoir exécutif près le tribunal civil est tenu de prendre, par lui-même ou par son substitut près le tribunal criminel, communication de toutes les pièces et actes, et d'assister à l'instruction publique, ainsi qu'à la prononciation du jugement.

293. Il fait, au nom de la loi, toutes les réquisitions qu'il juge convenables, et le tribunal est tenu de lui en délivrer acte, et d'en délibérer.

294. Lorsque le tribunal ne juge pas à propos de déférer à la réquisition du commissaire du pouvoir exécutif, l'instruction ni le jugement n'en peuvent être arrêtés ni suspendus; mais le commissaire du pouvoir exécutif peut, après le jugement, et dans les cas déterminés par la loi, se pourvoir en cassation, ainsi qu'il est dit ci-après.

295. Si néanmoins quelque affaire de la nature de celles qui sont réservées à la haute-cour de justice, est présentée au tribunal criminel, le commissaire du pouvoir exécutif est tenu d'en requérir la suspension et le renvoi au corps législatif; et le président, de l'ordonner, même d'office, à peine de forfaiture.

296. Les dispositions des quatre articles précédens, relatives au commissaire du pouvoir exécutif, sont communes à son substitut près le tribunal criminel.

Le commissaire du pouvoir exécutif près le tribunal civil fait, entre lui et son substitut près le tribunal criminel, la distribution des affaires dans lesquelles il y a lieu près ce dernier tribunal, à l'exercice de leur ministère.

Dispositions communes aux présidens et accusateurs publics.

297. Si le président du tribunal criminel ou l'accusateur public se rendent, même hors de l'exercice de leurs fonctions, coupables d'un délit emportant une peine au-dessus de la valeur de trois journées de travail ou de trois jours d'emprisonnement, le plus âgé des présidens du tribunal civil est tenu de remplir à leur égard les fonctions d'officier de police judiciaire, et, s'il y a lieu, de directeur du jury.

298. S'il y a lieu de les mettre en jugement, il les renvoie devant le tribunal criminel de l'un des trois départemens les plus voisins, qu'ils choisissent, ou qui, sur leur refus de choisir, est désigné par le sort.

Ce tribunal, si l'affaire est de nature à être jugée correctionnellement, remplit les fonctions de tribunal correctionnel, et prononce comme dans le cas des articles 285 et 289.

299. Dans les cas où les fonctionnaires dénommés aux deux articles précédens, ont encouru la forfaiture ou la prise-à-partie, on procède ainsi qu'il est réglé par le titre XVII ci-après.

Dispositions particulières au tribunal criminel du département de la Seine.

300. Il y a, dans le tribunal criminel du département de la Seine, un vice-président et un substitut de l'accusateur public.

Ce tribunal est divisé en deux sections.

Huit membres du tribunal civil y exercent les fonctions de juges. (Article 245 de l'acte constitutionnel.)

TITRE V.

Procédure devant le tribunal criminel.

301. Nul ne peut, pour délit emportant peine afflictive ou infamante, être poursuivi devant le tribunal criminel, et jugé, que sur une accusation reçue légalement par un jury composé de huit citoyens.

302. Quand le jury a déclaré qu'il y a lieu à accusation, le procès, et l'accusé, s'il est détenu, sont, par les ordres du commissaire du pouvoir exécutif près le directeur du jury, envoyés, dans les vingt-quatre heures, au tribunal criminel du département.

Les vingt-quatre heures courent du moment de la signification de l'ordonnance de prise-de-corps ou de se représenter.

303. Si le tribunal criminel du département est établi dans une commune au-dessous de 40,000 habitans, l'accusé peut, dans l'un ou l'autre des deux cas ci-après, le récuser, et demander à être jugé par l'un des tribunaux criminels des deux départemens les plus voisins.

Ces deux cas sont :

1.° Celui où la déclaration du jury d'accusation a été rendue dans la commune où est établi le tribunal criminel ;

2.° Celui où la commune dans laquelle est établi le tribunal criminel, se trouve être celle de la résidence habituelle de l'accusé.

304. L'accusé, dans les deux cas exprimés par l'article précédent, notifie son option au greffe du directeur du jury, dans les vingt-quatre heures de la signification qui lui a été faite (à personne, s'il est

détenu, ou au lieu de sa résidence s'il a été reçu à caution), de l'ordonnance de prise-de-corps ou de se représenter.

305. Dans ces deux mêmes cas, l'ordonnance de prise-de-corps ou de se représenter, fait mention expresse du droit d'opter accordé par la loi à l'accusé, et des tribunaux criminels entre lesquels il peut l'exercer.

A défaut de cette mention, le délai de vingt-quatre heures fixé par l'article précédent, ne court pas, et l'accusé peut exercer son droit d'option, tant qu'il n'a pas comparu devant le jury de jugement.

306. Lorsque la même accusation comprend plusieurs personnes actuellement détenues, si l'une d'elles seulement fait son choix, le tribunal qu'elle choisit est préféré.

Si elles ne peuvent s'accorder sur le tribunal, le directeur du jury les fait tirer au sort avant de rédiger son ordonnance de prise-de-corps ou de se représenter, et désigne dans cette ordonnance le tribunal que le sort a désigné.

307. Après les vingt-quatre heures accordées à l'accusé pour faire son option, il est envoyé, ainsi qu'il est réglé par l'article 302, à la maison de justice du tribunal qu'il a choisi, ou, à défaut de choix, à celle du tribunal direct.

308. Si l'accusé contre lequel il a été rendu une ordonnance de prise-de-corps, et qui se trouve dans le cas de l'option, n'est pas actuellement détenu, les pièces du procès, après les vingt-quatre heures dont il vient d'être parlé, sont envoyées au greffe du tribunal direct.

309. Lorsque, dans le cas où il y a lieu à l'option, l'accusé qui n'a pu être saisi sur le mandat d'amener ou d'arrêt de l'officier de police judi-

claire, vient à l'être en vertu de l'ordonnance de
prise-de-corps, celui qui est porteur de cette ordonnance le conduit devant le juge de paix du lieu
où il l'a trouvé, pour y passer la déclaration de
l'option dont il vient d'être parlé, ou de son refus
de la faire.

310. Lorsque plusieurs accusés ont été arrêtés
en même temps de la manière prevue par le précédent article, si l'un d'eux seulement déclare son
choix, le tribunal qu'il choisit est préféré ;

S'ils ne peuvent s'accorder sur le choix du tribunal, le juge de paix devant lequel ils sont conduits, les fait tirer au sort.

311. Le juge de paix garde minute du procès-
verbal qu'il tient dans le cas des deux articles précédens, et en délivre expédition au porteur de
l'ordonnance de prise-de-corps, en lui enjoignant
de conduire l'accusé ou les accusés devant le tribunal choisi, ou, à défaut de choix, devant le
tribunal direct.

312. Le porteur de l'ordonnance, immédiatement après avoir conduit l'accusé dans la maison
de justice du tribunal qu'il a choisi, ou, à défaut de
choix, dans celle du tribunal direct, remet au greffe
de l'un ou de l'autre, l'expédition du procès-verbal
mentionné en l'article précédent, et l'ordonnance
de prise-de-corps.

313. Le greffier donne connaissance de ces
deux actes à l'accusateur public ; et si le tribunal
que l'accusé a préféré, n'est pas le tribunal direct,
l'accusateur public fait notifier ces actes par un
huissier, au greffe du tribunal direct.

Sur cette notification, et sur la réquisition que
l'accusateur public en fait par l'acte même de notification, le tribunal direct lui envoie aussitôt les
pièces du procès.

314. En aucun cas, la faculté d'opter ne peut être exercée par ceux d'entre plusieurs accusés compris dans le même acte d'accusation, qui sont arrêtés postérieurement à l'option faite par un de leurs coaccusés, ou, à défaut de choix de sa part, postérieurement à sa translation dans la maison de justice du tribunal direct.

315. Dans tous les cas, vingt-quatre heures au plus tard après son arrivée en la maison de justice, et la remise des pièces au greffe, l'accusé est entendu par le président, ou par l'un des juges que celui-ci commet à cet effet.

Le greffier tient note de ses réponses, et le président la joint aux pièces,

316. Les notes des interrogatoires subis par le prévenu devant le juge de paix et devant le directeur du jury, et par l'accusé devant le président du tribunal criminel, sont, ainsi que les autres pièces, communiquées à l'accusateur public avant l'assemblée du jury de jugement.

317. Si l'accusateur public et la partie plaignante, ou l'accusé, ont à produire des témoins qui n'aient pas encore été entendus devant l'officier de police ou le directeur du jury, leurs déclarations sont reçues avant l'assemblée du jury de jugement, par le président, ou par un juge du tribunal criminel qu'il commet à cet effet.

318. Si les témoins à entendre résident hors du canton dans l'arrondissement duquel siége le tribunal criminel, le président peut, pour recevoir ces déclarations, commettre un directeur du jury ou un officier de police judiciaire qui, après les avoir reçues, les envoie dûment scellées et cachetées au greffe du tribunal criminel.

319. Dans l'un et l'autre cas, elles sont communiquées à l'accusateur public et à l'accusé, à

peine de nullité de toutes procédures ultérieures.

320. L'accusé reçoit pareillement, et sous la même peine, après son interrogatoire devant le président, copie des autres pièces de la procédure.

Cette copie lui est délivrée gratis par le greffier.

321. L'accusé peut choisir un ou plusieurs conseils pour l'aider dans sa défense.

A défaut de choix de sa part, lors de son interrogatoire, le président, ou le juge qui l'interroge, lui désigne un conseil sur-le-champ, à peine de nullité.

Cette désignation devient nulle, si avant l'ouverture des débats, l'accusé choisit lui-même un autre conseil.

322. Les conseils de l'accusé ne peuvent communiquer avec lui qu'après son interrogatoire.

323. Le président peut, lorsqu'il le juge utile pour découvrir la vérité, différer ou suspendre cette communication, et tenir l'accusé au secret pendant un temps déterminé, pourvu qu'il lui en laisse un espace suffisant pour préparer ses moyens de défense avant l'assemblée du jury de jugement.

En cas de difficulté, le tribunal criminel en décide.

324. Aussitôt après l'interrogatoire de l'accusé, les pièces sont communiquées au commissaire du pouvoir exécutif, qui examine si les formes prescrites par la loi ont été observées, tant dans la délivrance du mandat d'arrêt par l'officier de police judiciaire, que dans l'instruction.

325. S'il trouve que les formes ont été observées, il écrit au bas de l'ordonnance de prise-de-corps ou de se représenter, ces mots : *la loi autorise* ; et il remet les pièces à l'accusateur public, pour agir ainsi qu'il est dit ci-après.

326. S'il trouve que les formes n'ont pas été

observées, il écrit au bas de l'ordonnance de
prise-de-corps ou de se représenter, ces mots :
la loi défend ; et il remet les pièces au président,
qui est tenu de convoquer le tribunal dans les
vingt-quatre heures suivantes, pour prononcer à
l'audience sur la légalité ou l'illégalité, soit du
mandat d'arrêt, soit de l'instruction, après avoir
entendu le commissaire du pouvoir exécutif.

327. Si le tribunal juge que le mandat d'arrêt
est nul, il le casse, ainsi que toute la procédure
faite en conséquence, même la déclaration du jury
d'accusation, et l'ordonnance de prise-de-corps
ou de se représenter ; et il renvoie, s'il y a lieu,
le prévenu en état d'arrestation provisoire devant
un autre officier de police judiciaire, qui, après
l'avoir entendu, le met en liberté, ou décerne
contre lui un nouveau mandat d'arrêt, suivant
les circonstances.

328. Si le mandat d'arrêt étant jugé valable,
le tribunal décide que les formes légales n'ont
pas été observées dans l'instruction faite devant
le directeur du jury, il annulle l'acte qu'il juge
défectueux, ainsi que tout ce qui a été fait depuis ; et il renvoie le prévenu en état d'arrestation
devant un autre directeur du jury, qui recommence
l'instruction, à partir du plus ancien des actes
annullés.

329. Si le mandat d'arrêt, et l'instruction faite
devant le directeur du jury jusqu'à la déclaration
des jurés inclusivement, étant jugés valables, le
tribunal décide que les formes légales n'ont pas
été observées dans l'ordonnance de prise-de-corps,
il la déclare nulle, et en décerne une nouvelle
contre l'accusé.

330. Dans le cas de l'article précédent, et
dans celui où le tribunal a déclaré valables tant

le mandat d'arrêt que l'instruction faite depuis jusqu'à l'ordonnance de prise-de-corps inclusivement, les pièces de la procédure sont, dans les vingt-quatre heures du jugement, remises à l'accusateur public.

331. L'accusateur public, dès que les pièces lui ont été remises, soit en exécution de l'article précédent, soit en exécution de l'article 325, est tenu de faire ses diligences pour que l'accusé puisse être jugé à la première assemblée du jury de jugement qui sera convoquée après son arrivée.

332. Le jury de jugement s'assemble le 15 de chaque mois, sur la convocation qui en est faite le 5 par le président, ainsi qu'il est réglé ci-après.

333. Si l'accusateur public ou l'accusé ont des motifs pour demander que l'affaire ne soit pas portée à la première assemblée du jury, ils présentent au tribunal criminel une requête en prorogation de délai.

334. Le tribunal décide si cette prorogation doit ou non être accordée.

S'il l'accorde, il ne peut proroger le délai au-delà de l'assemblée du jury, qui aura lieu le 15 du mois suivant.

335. La requête en prorogation de délai ne peut être admise, si elle n'est présentée avant le 5 du mois au-delà duquel la prorogation est demandée.

336. Les accusés qui n'arrivent à la maison de justice qu'après la convocation du jury de jugement, peuvent être jugés par ce jury, si l'accusateur public le requiert, et s'ils y consentent.

337. Le nombre de douze jurés et de trois adjoints est nécessaire, à peine de nullité, pour former un jury de jugement.

338. Au jour fixé pour l'assemblée du jury,

le tribunal criminel ayant pris séance, les douze jurés et les trois adjoints se rendent dans l'intérieur de l'auditoire.

339. Les douze jurés prennent place tous ensemble, suivant l'ordre de leur nomination, sur des siéges séparés du public et des parties, en face de ceux qui sont destinés à l'accusé et aux témoins.

340. Les trois jurés adjoints se placent aussi dans l'intérieur de l'auditoire; mais séparément des autres.

TITRE VI.

De l'examen.

341. Le tribunal et les jurés étant assemblés, le président fait entrer dans l'intérieur de l'auditoire, l'accusé, ses conseils, les témoins, et la partie plaignante, s'il y en a une.

L'accusé comparaît à la barre, libre, sans fers, et seulement accompagné de gardes pour l'empêcher de s'évader.

Le président lui dit qu'il peut s'asseoir, lui demande son nom, son âge, sa profession, sa demeure, et en fait tenir note par le greffier.

342. Les conseils de l'accusé promettent ensuite de n'employer que la vérité dans sa défense.

343. Après avoir reçu cette promesse, le président du tribunal adresse aux jurés et à leurs adjoints le discours suivant:

« CITOYENS,

» Vous promettez d'examiner avec l'attention
» la plus scrupuleuse, les charges portées contre
» un tel. . . . ; de n'en communiquer avec per-
» sonne

» sonne jusqu'après votre déclaration ; de n'écouter
» ni la haine ou la méchanceté, ni la crainte ou
» l'affection ; de vous décider d'eprès les charges
» et moyens de défense, suivant votre conscience
» et votre intime et profonde conviction, avec
» l'impartialité et la fermeté qui conviennent à
» un homme libre ».

Chacun des jurés et de leurs adjoints, appelé
nominativement par le président, répond : *Je le
promets.*

344. Immédiatement après, le président avertit
l'accusé d'être attentif à ce qu'il va entendre.

Il ordonne au greffier de lire l'acte d'accusation.

Le greffier fait cette lecture à haute et intel-
ligible voix.

345. Après cette lecture, le président rappelle
à l'accusé, le plus clairement possible, ce qui
est contenu en l'acte d'accusation, et lui dit :
« Voilà de quoi vous êtes accusé ; vous allez
» entendre les charges qui seront produites contre
» vous ».

346. L'accusateur public expose le sujet de
l'accusation, et présente la liste des témoins qui
doivent être entendus, soit à sa requête, soit à
celle de la partie plaignante.

Cette liste ne peut contenir que des témoins dont
les noms, âge, profession et domicile, aient été no-
tifiés à l'accusé vingt-quatre heures au moins avant
l'examen ; et ni l'accusateur public, ni la partie
plaignante, ne peuvent, à peine de nullité, en faire
entendre d'autres.

347. La liste mentionnée en l'article précédent
est lue à haute voix par le greffier.

348. Le président ordonne ensuite aux témoins
de se retirer dans une chambre destinée à cet effet,
et dont ils ne peuvent sortir que pour déposer.

E

349. Les témoins déposent séparément, et l'un après l'autre, suivant l'ordre de la liste.

350. Le président, avant de recevoir la déposition de chaque témoin, lui fait promettre « de » parler sans haine et sans crainte, de dire la vé- » rité, toute la vérité, rien que la vérité ».

351. Il lui demande ensuite s'il connaissait l'accusé avant le fait mentionné dans l'acte d'accusation, s'il est parent ou allié, soit de l'accusé, soit de la partie plaignante, et à quel degré.

Il lui demande en même temps s'il n'est pas attaché au service de l'un ou de l'autre.

352. Cela fait, le témoin dépose oralement, et sans que sa déposition puisse être écrite.

353. Après chaque déposition, le président demande au témoin si c'est de l'accusé présent qu'il a entendu parler.

Il demande ensuite à l'accusé s'il veut répondre à ce qui vient d'être dit contre lui.

L'accusé peut, par lui-même ou par ses conseils, questionner le témoin, et dire, tant contre lui personnellement que contre son témoignage, tout ce qu'il juge utile à sa défense.

354. Le président peut également demander au témoin et à l'accusé tous les éclaircissemens qu'il croit nécessaires à la manifestation de la vérité.

Les juges, l'accusateur public et les jurés ont la même faculté, en demandant la parole au président.

355. Chaque témoin, après sa déposition, reste dans l'auditoire, jusqu'à ce que les jurés s'en soient retirés pour donner leurs déclarations.

356. Après l'audition des témoins produits par l'accusateur public et par la partie plaignante, l'accusé fait entendre les siens, s'il y en a.

357. L'accusé peut faire entendre des témoins

pour attester qu'il est homme d'honneur, de probité, et d'une conduite irréprochable.

Les jurés ont tel égard que de raison à ce témoignage.

358. Ne peuvent être entendus en témoignage, soit à la requête de l'accusé, soit à celle de l'accusateur public, soit à celle de la partie plaignante,

1.° Le père, la mère, l'aïeul, l'aïeule ou autre ascendant de l'accusé ;

2.° Son fils, sa fille, son petit-fils, sa petite-fille, ou autre descendant ;

3.° Son frère ou sa sœur ;

4.° Ses alliés aux degrés ci-dessus ;

5.° Sa femme ou son mari, même après le divorce légalement prononcé.

L'accusateur public et la partie plaignante ne peuvent pareillement produire pour témoins les dénonciateurs, quand il s'agit de délits dont la dénonciation est récompensée pécuniairement par la loi, ou lorsque le dénonciateur peut, de toute autre manière, profiter de l'effet de sa dénonciation.

359. Les témoins qui n'ont pas déposé préalablement par écrit, peuvent être entendus dans le débat ; savoir,

A la requête de l'accusateur public ou de la partie plaignante, pourvu qu'ils aient été assignés, et qu'ils soient portés sur la liste mentionnée dans l'article 346 ;

Et à la requête de l'accusé, quand même ils n'auraient reçu de sa part aucune assignation.

360. Les témoins, par quelque partie qu'ils soient produits, ne peuvent jamais s'interpeller entre eux.

361. L'accusé peut, par lui-même ou par ses conseils, demander que les témoins, au lieu de dé-

poser séparément ainsi qu'il est dit article 349, soient entendus en présence les uns des autres.

Il peut demander encore, après qu'ils ont déposé, que ceux qu'il désigne se retirent de l'auditoire, et qu'un ou plusieurs d'entre eux soient introduits et entendus de nouveau, soit séparément, soit en présence les uns des autres.

362. L'accusateur public a la même faculté à l'égard des témoins produits par l'accusé.

363. Pendant l'examen, les jurés, l'accusateur public et les juges, peuvent prendre note de ce qui leur paraît important, soit dans les dépositions des témoins, soit dans la défense de l'accusé, pourvu que la discussion n'en soit pas arrêtée ni interrompue.

364. Dans le cours ou à la suite des dépositions, le président fait représenter à l'accusé tous les effets trouvés lors du délit ou depuis, pouvant servir à conviction, et il l'interpelle de répondre personnellement s'il les reconnaît.

365. Il ne peut être lu aux jurés aucune déclaration écrite de témoins non présens à l'auditoire.

366. Quant aux déclarations écrites que les témoins présens ont faites, et aux notes écrites des interrogatoires que l'accusé a subis devant l'officier de police, le directeur du jury et le président du tribunal criminel, il n'en peut être lu, dans le cours des débats, que ce qui est nécessaire pour faire observer, soit aux témoins, soit à l'accusé, les variations, les contrariétés et les différences qui peuvent se trouver entre ce qu'ils disent devant les jurés et ce qu'ils ont dit précédemment.

367. Si d'après les débats, la déposition d'un témoin paraît évidemment fausse, le président en dresse procès-verbal; et d'office, ou sur la réquisition, soit de l'accusateur public, soit de la partie

plaignante, soit de l'accusé et de ses conseils, il fait sur - le - champ mettre ce témoin en état d'arrestation, et délivre, à cet effet, contre lui un mandat d'arrêt, en vertu duquel il le fait conduire devant le directeur du jury d'accusation de l'arrondissement dans lequel siége le tribunal criminel.

L'acte d'accusation, dans ce cas, est rédigé par le président.

368. Dans le cas où l'accusé, les témoins ou l'un d'eux, ne parleraient pas la même langue ou le même idiome, le président du tribunal criminel nomme d'office un interprète âgé de vingt-cinq ans au moins, et lui fait promettre de traduire fidèlement, et suivant sa conscience, les discours à transmettre entre ceux qui parlent des langages différens.

L'accusé et l'accusateur public peuvent récuser l'interprète, en motivant leur récusation.

Le tribunal juge les motifs.

369. L'interprète peut, du consentement de l'accusé et de l'accusateur public, être pris parmi les témoins ou les jurés.

370. A la suite des dépositions orales des témoins, et des dires respectifs auxquels elles donnent lieu, l'accusateur public, et la partie plaignante, s'il y en a une, sont entendus, et développent les moyens qui appuient l'accusation.

L'accusé et ses conseils peuvent leur répondre.

La réplique est permise à l'accusateur public et à la partie plaignante; mais l'accusé a toujours la parole le dernier.

371. L'accusé n'ayant plus rien à dire pour sa défense, le président déclare que les débats sont terminés.

372. Le président résume l'affaire, et la réduit à ses points les plus simples.

1. a.   E 3

Il fait remarquer aux jurés les principales preuves pour et contre l'accusé.

Il leur rappelle les fonctions qu'ils ont à remplir, et, pour cet effet, il leur donne lecture de l'instruction suivante, qui est, en outre, affichée en gros caractères dans la chambre destinée à leurs délibérations :

« Les jurés doivent examiner l'acte d'accusation, » les procès-verbaux, et toutes les autres pièces du » procès, à l'exception des déclarations écrites des » témoins, des notes écrites des interrogatoires » subis par l'accusé devant l'officier de police, le » directeur du jury et le président du tribunal » criminel.

» C'est sur ces bases, et particulièrement sur les » dépositions et les débats qui ont eu lieu en leur » présence, qu'ils doivent asseoir leur conviction » personnelle : car c'est de leur conviction person- » nelle qu'il s'agit ici ; c'est cette conviction que la » loi les charge d'énoncer ; c'est à cette conviction » que la société, que l'accusé, s'en rapportent.

» La loi ne leur demande pas compte des moyens » par lesquels ils se sont convaincus ; elle ne leur » prescrit point de règles desquelles ils doivent » faire particulièrement dépendre la plénitude et » la suffisance d'une preuve : elle leur prescrit de » s'interroger eux-mêmes dans le silence et le re- » cueillement, et de chercher, dans la sincérité de » leur conscience, quelle impression ont faite sur » leur raison les preuves rapportées contre l'accusé, » et les moyens de sa défense. La loi ne leur dit » point : *Vous tiendrez pour vrai tout fait attesté* » *par tel ou tel nombre de témoins.* Elle ne leur dit » pas non plus : *Vous ne regarderez pas comme* » *suffisamment établie toute preuve qui ne sera pas* » *formée de tel procès-verbal, de telles pièces, de tant*

» *de témoins ou de tant d'indices.* Elle ne leur fait
» que cette seule question qui renferme toute la
» mesure de leurs devoirs : *Avez-vous une intime*
» *conviction !*

» Ce qu'il est bien essentiel de ne pas perdre de
» vue, c'est que toute la délibération du jury de
» jugement porte sur l'acte d'accusation : c'est à
» cet acte qu'ils doivent uniquement s'attacher ;
» et ils manquent à leur premier devoir, lorsque
» pensant aux dispositions des lois pénales, ils
» considèrent les suites que pourra avoir, par rap-
» port à l'accusé, la déclaration qu'ils ont à faire.
» Leur mission n'a pas pour objet la poursuite ni la
» punition des délits : ils ne sont appelés que pour
» décider si le fait est constant, et si l'accusé est,
» ou non, coupable du crime qu'on lui impute ».

373. Ensuite le président, au nom et de l'avis
du tribunal, pose toutes les questions qui résultent
tant de l'acte d'accusation que des débats, et que
les jurés doivent décider.

374. La première question tend essentiellement
à savoir si le fait qui forme l'objet de l'accusation,
est constant ou non ;

La seconde, si l'accusé est, ou non, convaincu
de l'avoir commis, ou d'y avoir coopéré.

Viennent ensuite les questions qui, sur la moralité du fait et le plus ou le moins de gravité du délit, résultent de l'acte d'accusation, de la défense
de l'accusé, ou du débat.

Le président les pose dans l'ordre dans lequel les
jurés doivent en délibérer, en commençant par les
plus favorables à l'accusé.

375. Dans les délits qui renferment des circonstances indépendantes les unes des autres, comme
dans une accusation de vol, pour savoir s'il a été
commis de nuit, avec effraction, par une personne

domestique, avec récidive, &c., les questions relatives à ces circonstances sont présentées chacune séparément, sans qu'il soit nécessaire de commencer par les moins aggravantes.

376. L'accusé, ses conseils, l'accusateur public et les jurés, peuvent faire des observations sur la manière dont les questions sont posées, et le tribunal en décide sur-le-champ.

377. *Il ne peut être posé aucune question complexe.* (Article 250 de l'acte constitutionnel.)

378. Il n'en peut être posé aucune sur des faits qui ne seraient pas portés dans l'acte d'accusation, quelles que soient les dépositions des témoins.

379. Mais les jurés peuvent être interrogés sur une ou plusieurs circonstances non mentionnées dans l'acte d'accusation, quand même elles changeraient le caractère du délit résultant du fait qui y est porté.

Ainsi, sur l'accusation d'un acte de violence exercé envers une personne, le président peut, d'après les débats, poser la question de savoir si cet acte de violence a été commis à dessein de tuer.

380. Toute contravention aux règles prescrites par les articles 352, 358, 365, 368, 373, 374, 377 et 378, emporte nullité.

381. Le président, après avoir énoncé les questions, les remet par écrit aux jurés, dans la personne de leur chef.

382. Il leur remet aussi toutes les pièces du procès, à l'exception des déclarations écrites des témoins et des interrogatoires écrits de l'accusé.

383. Il leur annonce que la loi les oblige de se retirer dans leur chambre pour en délibérer, et il leur rappelle qu'elle leur défend de communiquer avec personne jusqu'après leur déclaration.

384. Il fait en même temps reconduire l'accusé dans la maison de justice.

385. Les jurés retirés dans leur chambre, y discutent les questions qui ont été posées par le président.

Celui d'entre eux qui se trouve le premier inscrit sur le tableau, est leur chef.

386. Lorsqu'ils sont en état de donner leur déclaration, ils font avertir le président.

Le président commet l'un des juges pour recevoir dans la chambre du conseil, avec le commissaire du pouvoir exécutif, les déclarations individuelles que les jurés doivent faire successivement, et en l'absence les uns des autres.

387. Le chef des jurés fait sa déclaration le premier.

Quand il l'a achevée, il reste dans la chambre du conseil avec le juge et le commissaire du pouvoir exécutif.

Les autres jurés se retirent à mesure qu'ils ont fini leurs déclarations.

388. Ces déclarations se font de la manière qui va être expliquée.

389. Chaque juré déclare d'abord si le fait porté dans l'acte d'accusation est constant ou non.

390. Si cette première déclaration est affirmative, il en fait une seconde sur l'accusé, pour décider s'il est ou non convaincu.

391. Le juré qui a déclaré que le fait n'est pas constant, n'a pas d'autre déclaration à faire, et sa voix est comptée en faveur de l'accusé dans les questions suivantes.

392. Le juré qui, ayant trouvé le fait constant, a déclaré que l'accusé n'en est pas convaincu, ne fait aucune autre déclaration, et sa voix est égale-

ment comptée en faveur de l'accusé dans les questions qui pourront suivre.

393. Le juré qui a déclaré le fait constant et l'accusé convaincu, donne ensuite sa déclaration sur la moralité du fait, d'après les questions intentionnelles posées par le président.

394. Lorsque sur plusieurs questions intentionnelles, présentées dans leur ordre graduel, un juré en a décidé une en faveur de l'accusé, il n'a plus de déclaration à faire sur celles qui suivent.

Mais tant qu'il en juge une contre l'accusé, il faut qu'il prononce sur les questions ultérieures, jusqu'à ce qu'il ait donné son opinion sur toutes celles que le tribunal a posées.

395. Dans les questions relatives aux circonstances indépendantes l'une de l'autre, qui se trouvent dans le même délit, le juré qui a voté sur une en faveur de l'accusé, ne continue pas moins de donner son opinion sur les autres.

396. Les jurés ne peuvent prononcer sur d'autres délits que ceux qui sont portés dans l'acte d'accusation, ni se dispenser de prononcer sur aucun de ceux qui y sont portés.

397. Chaque juré prononce les diverses déclarations ci-dessus dans la forme suivante :

Il met la main sur son cœur, et dit : *Sur mon honneur et ma conscience, le fait est constant, ou le fait ne me paraît pas constant ; l'accusé est convaincu, ou l'accusé ne me paraît pas convaincu ; il a commis tel fait méchamment et à dessein, ou il ne me paraît pas avoir commis, &c.*

398. Pour constater ces diverses déclarations, des boîtes blanches et des boîtes noires sont posées sur le bureau de la chambre du conseil.

Les boîtes blanches servent à constater les opinions favorables à l'accusé ; les boîtes noires constatent les opinions qui lui sont contraires.

Il y a, pour le jugement de chaque affaire, autant de paires de boîtes que de questions à décider par les jurés, et sur chacune on inscrit l'affirmative ou la négative, suivant sa destination.

399. Après chacune de ses déclarations prononcées à haute voix, chaque juré choisit dans les mains du juge qui lui présente deux boules, l'une noire, l'autre blanche, celle propre à exprimer son opinion, et il la dépose ostensiblement dans la boîte de couleur correspondante.

400. Pour éviter toutes méprises, les boîtes sont construites de manière que la boule noire ne puisse pas entrer dans l'ouverture de la boule blanche.

401. Les douze jurés ayant achevé de donner leurs déclarations individuelles, ils rentrent tous dans la chambre du conseil.

402. Les boîtes sont ouvertes devant eux par le juge, le commissaire du pouvoir exécutif présent, et les déclarations partielles sont rassemblées pour former la déclaration générale du jury.

403. La décision du jury se forme sur chaque question, en faveur de l'accusé, par le concours de trois boules, et contre lui par le concours de dix.

404. Pour cet effet, les boîtes étant ouvertes, les boules qu'elles renferment respectivement sont comptées dans le même ordre qu'ont été posées les questions auxquelles elles correspondent.

405. En conséquence, on ouvre d'abord les boîtes qui ont servi à décider si le fait est constant ou non.

S'il s'y trouve trois boules blanches, il est décidé que le fait n'est pas constant, et la délibération est terminée.

Dans le cas contraire, on passe à l'ouverture

des boîtes sur la question de savoir si l'accusé est auteur du fait déclaré constant.

406. Les boules blanches qui, sur cette seconde question, se trouvent dans l'une des boîtes, s'additionnent avec les boules blanches qui peuvent avoir été données au-dessous du nombre de trois, sur la première question.

407. Si cette addition donne trois boules blanches, ou si trois boules blanches se trouvent réunies dans la boîte destinée à la seconde question, la délibération se termine là, et il est décidé que l'accusé n'est pas convaincu du fait porté dans l'acte d'accusation.

408. Si au contraire il ne se rencontre pas, soit de l'une, soit de l'autre manière, trois boules blanches sur la seconde question, le juge passe à l'ouverture des boîtes relatives à la moralité du fait.

409. Dans ce troisième recensement, les boules blanches fournies sur les deux premières questions, s'additionnent encore avec celles qui se trouvent dans la boîte blanche.

410. Lorsqu'il a été posé plusieurs questions intentionnelles, si les trois premiers recensemens réunis n'ont pas encore fourni trois boules blanches, on ouvre les boîtes sur la seconde question intentionnelle, et ainsi de suite, jusqu'à ce que le recensement des suffrages soit terminé, soit par l'ouverture de toutes les boîtes, soit par une somme de trois boules blanches, qui arrête et fixe la décision des jurés sur l'une des questions qui leur sont présentées successivement.

411. Les boules blanches fournies sur chacune des circonstances indépendantes d'un même délit, ne s'additionnent pas entre elles, mais seulement avec les boules blanches fournies sur les questions

relatives à l'existence du corps du délit, et à la conviction de l'auteur de ce délit.

412. La délibération étant terminée, le résultat en est rédigé par écrit, en autant d'articles séparés qu'il y a eu de questions décidées.

413. Tous les jurés alors rentrent dans l'auditoire et y reprennent leurs places.

Le président leur demande quel est le résultat de leur délibération sur chacune des questions qu'il leur a présentées.

Le chef des jurés se lève, et dit : *Sur mon honneur et ma conscience, la déclaration du jury est que.....*

Il donne lecture de cette déclaration, telle qu'elle a été arrêtée dans la chambre des jurés.

Il la signe, et la remet au président, qui la signe également et la fait signer par le greffier.

414. En cas de contravention de la part des jurés à l'une des règles qui leur sont prescrites par les articles 385 et suivans, leur déclaration est nulle, et le tribunal criminel est tenu, à peine de nullité du jugement qui pourrait intervenir sur le fond, de la rejeter du procès, en leur ordonnant de se retirer sur-le-champ dans leur chambre pour en former une nouvelle.

415. La décision du jury ne peut jamais être soumise à l'appel.

Si néanmoins le tribunal est unanimement d'avis que les jurés, tout en observant les formes, se sont trompés au fond, il ordonne que les trois jurés-adjoints se réuniront aux douze premiers pour donner une nouvelle déclaration aux quatre cinquièmes de voix.

416. Nul n'a le droit de provoquer cette nouvelle délibération ; le tribunal ne peut l'ordonner que d'office, et immédiatement après que la déclaration du jury a été prononcée à l'auditoire.

417. Il ne peut, à peine de nullité, y avoir lieu à une nouvelle délibération, dans le cas de l'article 415, que lorsque l'accusé a été convaincu, jamais lorsqu'il a été acquitté.

418. L'examen d'un procès une fois entamé ne peut être interrompu ni suspendu, et il doit être continué jusqu'à la déclaration du jury inclusivement, sauf les intervalles nécessaires pour le repos des juges, des jurés et des témoins.

419. Néanmoins, lorsqu'un témoin qui a été cité ne comparaît pas, le tribunal peut, sur la réquisition de l'accusateur public, et avant que les débats soient ouverts par la déposition du premier témoin inscrit sur la liste mentionnée en l'article 346, renvoyer l'affaire à la prochaine assemblée du jury de jugement.

420. Dans ce cas, tous les frais des citations, actes, voyages de témoins et autres, ayant pour objet de faire juger l'affaire dans cette session, sont à la charge du témoin qui n'a pas comparu; et il y est condamné, sur la réquisition du commissaire du pouvoir exécutif, par le jugement qui renvoie les débats à la session suivante.

Le même jugement ordonne, en outre, qu'il sera amené par la force publique, à la prochaine session, pour y déposer.

421. Dans tout autre cas, le témoin qui n'a pas comparu, est condamné à une amende triple de sa contribution personnelle.

Cette condamnation se prononce à la suite des débats, et sans désemparer, sur la réquisition du commissaire du pouvoir exécutif.

422. La voie de l'opposition est ouverte contre cette condamnation, ainsi que contre celle mentionnée en l'article précédent, dans les dix jours de la signification qui en a été faite à personne

ou domicile ; et l'opposition est reçue, si le témoin condamné prouve qu'il a été retenu par une maladie grave ou force majeure.

423. Tous les accusés présens qui sont compris dans le même acte d'accusation, sont examinés par le même jury, et jugés sur la même déclaration.

Pour cet effet, le tribunal détermine celui qui doit être présenté le premier au débat, en commençant par le principal accusé, s'il y en a un.

Les autres coaccusés y sont présens, et peuvent faire leurs observations.

Il se fait ensuite un débat particulier pour chacun d'eux, sur les circonstances qui lui sont particulières.

TITRE VII.

Du jugement et de l'exécution.

424. Lorsque l'accusé a été déclaré non convaincu, le président, sans consulter les juges ni entendre le commissaire du pouvoir exécutif, prononce qu'il est acquitté de l'accusation, et ordonne qu'il soit mis sur-le-champ en liberté.

425. Il en est de même, si les jurés ont déclaré que le fait a été commis *involontairement, sans aucune intention de nuire*, ou *pour la légitime défense de soi* ou *d'autrui*.

426. Tout individu ainsi acquitté peut poursuivre ses dénonciateurs pour ses dommages-intérêts.

Il ne peut plus être repris ni accusé à raison du même fait.

427. Si l'accusé acquitté, ainsi qu'il vient d'être dit, du fait porté dans l'acte d'accusation, a été inculpé sur un autre fait, soit par des pièces, soit par les dépositions des témoins, le président ;

d'office, ou sur la demande de l'accusateur public, ordonne qu'il soit arrêté de nouveau.

Il reçoit les éclaircissemens que le prévenu donne sur le nouveau fait; il délivre, s'il y a lieu, un mandat d'arrêt contre lui, et le renvoie devant le directeur du jury du lieu où siége le tribunal criminel, pour être procédé à une nouvelle instruction.

428. Lorsque l'accusé a été déclaré convaincu, le président, en présence du public, le fait comparaître, et lui donne lecture de la déclaration du jury.

429. Sur cela, le commissaire du pouvoir exécutif fait sa réquisition au tribunal pour l'application de la loi.

430. La partie plaignante fait également la sienne pour ses dommages-intérêts.

431. Le président demande à l'accusé s'il n'a rien à dire pour sa défense.

L'accusé ni ses conseils ne peuvent plus plaider que le fait est faux, mais seulement qu'il n'est pas défendu ou qualifié crime par la loi, ou qu'il ne mérite pas la peine dont le commissaire du pouvoir exécutif a requis l'application, ou qu'il n'emporte pas de dommages-intérêts au profit de la partie plaignante, ou enfin que celle-ci élève trop haut les dommages-intérêts qui lui sont dûs.

432. Les juges prononcent ensuite, et sans désemparer, la peine établie par la loi, ou acquittent l'accusé, si le fait dont il est convaincu n'est pas défendu par elle.

Dans l'un et l'autre cas, ils statuent sur les dommages-intérêts prétendus par la partie plaignante ou par l'accusé.

Ils ne peuvent, à peine de nullité, y statuer que par le même jugement.

433.

433. Lorsque les jurés ont déclaré que le fait de l'excuse proposée par le président dans la série des questions qui leur ont été remises, est prouvé, les juges prononcent, ainsi qu'il est dit dans le livre *des Peines*.

434. Si le fait dont l'accusé est déclaré convaincu, se trouve être du ressort, soit des tribunaux de police, soit des tribunaux correctionnels, le tribunal criminel n'en prononce pas moins définitivement, et en dernier ressort, les peines qui auraient dû être prononcées par ces tribunaux.

435. Les juges délibèrent et opinent à voix basse; ils peuvent, pour cet effet, se retirer dans la chambre du conseil; mais le jugement est prononcé à haute voix en présence du public et de l'accusé, le tout à peine de nullité.

436. Avant de le prononcer, le président est tenu de lire le texte de la loi sur laquelle il est fondé.

437. Le greffier écrit le jugement; il y insère le texte de la loi lue par le président.

438. La minute du jugement est signée par les cinq juges qui l'ont rendu, à peine de nullité.

439. Après avoir prononcé le jugement, le président retrace à l'accusé la manière généreuse et impartiale avec laquelle il a été jugé; il l'exhorte à la fermeté et à la résignation; il lui rappelle la faculté qu'il a de se pourvoir en cassation, et le terme dans lequel l'exercice de cette faculté est circonscrit.

440. Le condamné a trois jours francs après celui où son jugement lui a été prononcé, pour déclarer au greffe qu'il se pourvoit en cassation.

Pendant ces trois jours, il est sursis à l'exécution du jugement.

441. Le commissaire du pouvoir exécutif peut

1. a.   F

également, dans les trois jours, déclarer au greffe, qu'il demande, au nom de la loi, la cassation du jugement.

442. Néanmoins, dans le cas d'absolution par un jugement, le commissaire du pouvoir exécutif n'a que vingt-quatre heures pour se pourvoir ; et, pendant ce temps seulement, il est sursis à l'élargissement du prisonnier.

443. La condamnation est exécutée, ou dans les vingt-quatre heures qui suivent les trois jours dont il vient d'être parlé, s'il n'y a point eu de recours en cassation, ou dans les vingt-quatre heures de la réception du jugement du tribunal de cassation qui a rejeté la demande.

444. Cette exécution se fait par les ordres du commissaire du pouvoir exécutif, qui a le droit de requérir pour cet effet l'assistance de la force publique.

445. Elle se fait sur une des places publiques de la commune où le tribunal criminel tient ses séances.

446. Lorsque, pendant les débats qui ont précédé le jugement de condamnation, l'accusé a été inculpé, soit par des pièces, soit par des dépositions de témoins, sur d'autres faits que ceux portés dans l'acte d'accusation, le tribunal criminel ordonne qu'il sera poursuivi, à raison de ces nouveaux faits, devant le directeur du jury du lieu où il tient ses séances, mais seulement dans le cas où ces nouveaux faits mériteraient une peine plus forte que les premiers.

Dans ce cas, le tribunal surseoit à l'exécution de la première peine, jusqu'après le jugement sur les nouveaux faits.

TITRE VIII.

De la cassation des jugemens.

447. La déclaration du recours en cassation, faite au greffe en conformité des articles 440 et 441, soit par le condamné, soit par le commissaire du pouvoir exécutif, est inscrite par le greffier sur un registre particulier à ce destiné.

448. Elle est signée du déclarant, ou, s'il ne sait pas signer, le greffier en fait mention.

449. Le condamné, soit en faisant la déclaration dont il vient d'être parlé, soit dans les dix jours suivans, remet au greffe une requête contenant ses moyens de cassation.

Le greffier lui en donne une reconnaissance, et transmet sur-le-champ cette requête au commissaire du pouvoir exécutif.

450. Dans les dix jours qui suivent la déclaration du recours en cassation, le commissaire du pouvoir exécutif fait passer au ministre de la justice l'expédition du jugement, les pièces du procès, et la requête du condamné, s'il en a remis une.

451. Dans les vingt-quatre heures de la réception de ces pièces, le ministre de la justice les adresse au tribunal de cassation, et il en donne avis, dans les deux jours suivans, au commissaire du pouvoir exécutif près le tribunal criminel, lequel en avertit, par écrit, le président, le condamné et son conseil.

452. Le tribunal de cassation est tenu de prononcer sur le recours en cassation dans le mois de l'envoi qui lui a été fait des pièces par le ministre de la justice.

453. Il rejette la requête, ou annulle le jugement.

F 2

Dans l'un et l'autre cas, il motive sa décision.

S'il annulle le jugement, il renvoie le fond du procès, savoir ;

Devant un autre officier de police judiciaire que celui qui a fait la première instruction, si le jugement est annullé pour fait de ce dernier, non réformé par le directeur du jury ni par le tribunal criminel ;

Devant un autre directeur du jury que celui qui a dressé l'acte d'accusation, si le jugement est annullé pour fait de ce dernier ou du jury d'accusation, non réformé par le tribunal criminel ;

Devant un des deux tribunaux criminels les plus voisins, si le jugement est annullé pour fait du tribunal criminel ou du jury de jugement.

454. L'officier de police judiciaire et le directeur du jury, auxquels se fait le renvoi du procès dans les cas prévus par l'article précédent, ne peuvent être pris que parmi ceux du ressort de l'un des deux tribunaux criminels les plus voisins de celui dont le jugement est annullé.

455. Le jugement du tribunal de cassation qui rejette la requête, est délivré dans les trois jours au commissaire du pouvoir exécutif près ce tribunal, par simple extrait signé du greffier.

Cet extrait est adressé au ministre de la justice, qui l'envoie aussitôt au commissaire du pouvoir exécutif près le tribunal criminel, lequel en donne connaissance, par écrit, au président, à l'accusé, à son conseil, et agit ensuite ainsi qu'il est réglé par l'article 423.

456. Le tribunal de cassation ne peut annuller les jugemens des tribunaux criminels que dans les cas suivans :

1.° Lorsqu'il y a eu fausse application des lois pénales ;

2.° Lorsque des formes ou procédures prescrites par la loi, sous peine de nullité, ont été violées ou omises ;

3.° Lorsque l'accusé ou le commissaire du pouvoir exécutif ayant requis l'exécution d'une formalité quelconque, à laquelle la loi n'attache pas la peine de nullité, cette formalité n'a pas été remplie ;

4.° Lorsque le tribunal criminel a omis de prononcer sur une réquisition quelconque de l'accusé ou du commissaire du pouvoir exécutif ;

5.° Lorsque, dans les cas où il en avait le droit, le tribunal criminel n'a pas prononcé les nullités établies par la loi ;

6.° Lorsqu'il y a eu contravention aux règles de compétence établies par la loi pour la connaissance du délit ou pour l'exercice des différentes fonctions relatives à la procédure criminelle, ou qu'il y a eu, de quelque manière que ce soit, usurpation de pouvoir.

457. Le jugement du tribunal de cassation qui annulle un jugement émané d'un tribunal criminel, est, par le ministre de la justice, adressé en expédition authentique au commissaire du pouvoir exécutif près ce tribunal, qui la communique au président, à l'accusé et à son conseil, et la dépose ensuite au greffe.

458. L'accusé dont la condamnation a été annullée par le tribunal de cassation, est traduit en personne devant l'officier de police judiciaire, directeur du jury ou tribunal criminel, à qui son procès est renvoyé, d'après les distinctions portées par l'article 453.

459. Si le jugement a été annullé pour fausse application de la loi, le tribunal criminel à qui le procès est renvoyé, rend son jugement sur la dé-

claration déja faite par le jury, après avoir entendu l'accusé ou son conseil, et le commissaire du pouvoir exécutif.

460. Si le jugement a été annullé pour une des autres causes mentionnées en l'article 456, l'officier de police judiciaire, directeur du jury ou tribunal criminel recommence l'instruction, à partir du plus ancien des actes qui se trouvent frappés de nullité.

461. Aucun de ceux qui ont rempli les fonctions de jurés, soit d'accusation, soit de jugement, dans la procédure annullée, ne peut les remplir dans la nouvelle.

TITRE IX.

Des contumaces.

462. Lorsque, sur une ordonnance de prise-de-corps ou de se représenter en justice, l'accusé n'a pu être saisi, et ne se présente pas dans les dix jours de la notification qui en a été faite à son domicile;

Lorsqu'après s'être présenté ou avoir été saisi, il vient à s'évader;

Ou enfin, lorsqu'après avoir été admis à caution, il ne se présente pas au jour fixé pour l'examen du procès,

Le président du tribunal criminel rend une ordonnance portant qu'il sera fait perquisition de sa personne, et que tout citoyen est tenu d'indiquer le lieu où il se trouve.

463. Cette ordonnance et celle de prise-de-corps ou de se représenter en justice, sont publiées, le décadi suivant, à son de trompe ou de caisse; et affichées à la porte du domicile de l'accusé,

ainsi qu'à celle de son domicile élu; où, s'il n'est pas domicilié, à celle de l'auditoire du tribunal criminel;

Elles sont également notifiées à ses cautions, s'il en a fourni;

Le tout à la diligence du commissaire du pouvoir exécutif.

464. Le dixième jour après cette publication, le président du tribunal rend une seconde ordonnance portant qu'un tel est rebelle à la loi; qu'en conséquence il est déchu du titre et des droits de citoyen français; que ses biens vont être et demeurent séquestrés au profit de la République, pendant tout le temps de sa contumace; que toute action en justice lui est interdite pendant le même temps, et qu'il va être procédé contre lui malgré son absence.

465. Dans le jour suivant, cette ordonnance est adressée, par le commissaire du pouvoir exécutif, au directeur des domaines et droits d'enregistrement du domicile du contumax;

Elle est en outre publiée, affichée et notifiée, sans aucun délai, aux lieux indiqués par l'article 463.

466. Après un nouveau délai de dix jours, le procès est continué dans la forme prescrite pour les accusés présens, sauf les exceptions ci-après.

467. Aucun conseil ou fondé de pouvoir ne peut se présenter pour défendre l'accusé contumax, soit sur les faits, soit sur l'application de la loi, soit sur la forme de la procédure.

Seulement, s'il est dans l'impossibilité absolue de se rendre, il peut envoyer son excuse et en faire plaider la légitimité par un fondé de pouvoir.

Ses parens et ses amis ont la même faculté, en justifiant de son absence hors du territoire continental de la République, en vertu de passe-port régulier, avant les premières poursuites faites contre lui.

468. Si le tribunal trouve l'excuse légitime, il ordonne qu'il sera sursis au jugement de l'accusé et au séquestre de ses biens, pendant un temps qu'il fixe, eu égard à la nature de l'excuse et à la distance des lieux.

469. Après la lecture de l'acte d'accusation, des ordonnances mentionnées dans les articles 462 et 464, et des procès-verbaux dressés pour en constater la proclamation et l'affiche, le président, après avoir entendu le commissaire du pouvoir exécutif, prend l'avis des juges sur la régularité ou l'irrégularité de l'instruction faite contre l'accusé.

470. Si l'instruction n'est pas conforme à la loi, le tribunal la déclare nulle, et ordonne qu'elle sera recommencée, à partir du plus ancien acte qui est jugé illégal.

471. Si l'instruction est régulière, le tribunal ordonne que les pièces, et les déclarations écrites des témoins entendus devant l'officier de police judiciaire, devant le directeur du jury et devant le président du tribunal criminel, seront lues publiquement aux jurés.

Les témoins, dans ce cas, ne déposent point oralement.

472. La condamnation qui intervient contre un contumax, est, dans les vingt-quatre heures de sa prononciation, et à la diligence du commissaire du pouvoir exécutif, affichée par l'exécuteur des jugemens criminels, à un poteau qui est planté au milieu de la place publique du lieu où le tribunal criminel tient ses séances.

473. Le recours en cassation n'est ouvert contre les jugemens par contumace, qu'au commissaire du pouvoir exécutif.

474. En aucun cas, la contumace d'un accusé ne peut suspendre ni retarder l'instruction à l'égard de ses coaccusés présens.

Elle ne peut pas non plus, après le jugement de ceux-ci, empêcher la remise des effets déposés au greffe, comme pièces de conviction, lorsqu'ils sont réclamés par les propriétaires intéressés à cette remise.

Cette remise est précédée d'un procès-verbal de description, dressé par le président, ou par un juge qu'il a commis à cette fin.

475. Tous les fruits, revenus et produits qui sont, en exécution de l'ordonnance mentionnée dans l'article 464, perçus par les receveurs des droits d'enregistrement, et par eux versés dans les caisses nationales, appartiennent irrévocablement à la République, sauf les secours à accorder à la femme, aux enfans, au père ou à la mère de l'accusé, s'ils sont dans le besoin.

Ces secours sont réglés par le corps législatif.

476. Si l'accusé se constitue prisonnier, ou s'il est pris et arrêté, le jugement rendu et les procédures faites contre lui depuis l'ordonnance de prise-de-corps, sont anéantis de plein droit, et il est procédé à son égard dans la forme ordinaire.

477. Néanmoins les dépositions écrites des témoins décédés pendant son absence, sont lues aux jurés, qui y ont tel égard que de raison ; en observant toujours que les preuves écrites ne sont point la règle unique de leurs décisions, et qu'elles ne leur servent que de renseignemens.

478. L'accusé contumax, à compter, soit du jour où il a été arrêté, soit de celui où il s'est lui-même constitué prisonnier, rentre dans l'exercice de tous ses droits ; et ses biens, à l'exception

des fruits perçus ou échus antérieurement, lui sont rendus.

479. Dans le cas même d'absolution, l'accusé qui a été contumax est condamné, par forme de correction, à garder la prison pendant une décade : le juge lui fait en public une réprimande pour avoir douté de la justice et de la loyauté de ses concitoyens, et il ne lui est accordé aucun recours contre son dénonciateur.

480. La peine portée dans le jugement de condamnation par contumace, est prescrite par vingt ans, à compter de la date du jugement.

481. Mais, ce temps passé, l'accusé n'est plus reçu à se présenter pour purger sa contumace.

482. Après la mort du contumax, prouvée légalement, ou après cinquante ans de la date de sa condamnation, ses biens, à l'exception des fruits perçus ou échus antérieurement, sont restitués à ses héritiers légitimes.

Néanmoins, après vingt ans, les héritiers peuvent, en donnant caution, être envoyés provisoirement en possession des biens.

TITRE X.

Des listes des jurés d'accusation et de jugement.

483. La loi appelle aux fonctions de jurés tous les citoyens âgés de trente ans accomplis, qui réunissent les conditions requises pour être électeurs.

484. Néanmoins, ces fonctions sont incompatibles avec celles de représentans du peuple, de membres du directoire exécutif, de ministres, de juges, d'accusateurs publics, d'officiers de police judiciaire, et de commissaires du pouvoir exécutif, soit près les administrations départementales et municipales, soit près les tribunaux.

Les septuagénaires peuvent s'en dispenser.

485. Tous les trois mois, chaque administration départementale forme, d'après ses connaissances personnelles, et les renseignemens qu'elle se fait donner par les administrations municipales, une liste de citoyens domiciliés dans l'étendue du département, qu'elle juge propres à remplir les fonctions de jurés tant d'accusation que de jugement.

486. Elle divise cette liste en autant de parties qu'il y a de directeurs du jury dans le département.

487. Elle y porte autant de citoyens de chaque arrondissement de jury d'accusation, qu'il y existe de milliers d'habitans ; en sorte que, jusqu'à 1500 habitans, elle nomme un juré ; qu'elle en nomme deux depuis 1501 jusqu'à 2500, et ainsi de suite.

488. Cette liste ne peut être arrêtée qu'après avoir été communiquée au commissaire du pouvoir exécutif près l'administration départementale, pour y faire ses observations.

489. Le commissaire du pouvoir exécutif la fait imprimer, et l'envoie, tant à ceux dont les noms y sont inscrits, qu'aux directeurs du jury d'accusation, et au président du tribunal criminel du département, le tout au moins une décade avant le commencement du trimestre pour lequel elle doit servir.

490. Le même citoyen peut être successivement placé sur les quatre listes qui se font pendant une année; mais une fois qu'il a assisté à un jury de jugement, il peut s'excuser d'y assister une seconde fois dans le cours de la même année, à moins qu'il n'habite la commune où siége le tribunal criminel.

TITRE XI.

De la manière de former et convoquer le jury d'accusation.

491. Le jury d'accusation s'assemble, chaque décadi, sur la convocation du directeur du jury.

492. Chaque décadi, le directeur du jury d'accusation, sur la partie de la liste mentionnée en l'article 486, qui comprend les citoyens domiciliés dans son arrondissement, fait tirer publiquement au sort, en présence du commissaire du pouvoir exécutif, établi près de lui, les huit citoyens qui devront, le décadi suivant, former le jury d'accusation.

493. Dans les cas prévus par les articles 290 et 297, l'accusateur public et le président du tribunal civil forment respectivement le tableau du jury d'accusation, sur la liste partielle de l'arrondissement du jury d'accusation dans lequel ils exercent leurs fonctions.

494. Lorsqu'il y a lieu d'assembler le jury d'accusation, ceux qui doivent le composer sont avertis, quatre jours d'avance, de se rendre au jour fixé, sous peine de trente livres d'amende, et d'être privés du droit d'éligibilité et de suffrage pendant deux ans, avec impression et affiche du jugement dans toutes les communes de l'arrondissement du directeur du jury, à leurs frais.

495. Lorsque les citoyens inscrits sur la liste prévoient, pour l'un des jours d'assemblée du jury d'accusation, quelque obstacle qui pourrait les empêcher de s'y rendre, s'il arrivait qu'ils y fussent appelés par le sort, ils en donnent connaissance au directeur du jury, deux jours au moins avant

celui de la formation du tableau des huit pour lequel ils desirent d'être excusés.

496. La valeur de cette excuse est jugée, dans les vingt-quatre heures, par le directeur du jury, le commissaire du pouvoir exécutif préalablement entendu.

497. Si l'excuse est jugée suffisante, le nom de celui qui l'a présentée est retiré pour cette fois de la liste.

Si elle est jugée non valable, son nom est soumis au sort comme les autres.

498. Si celui qui a présenté l'excuse est désigné par le sort pour être un des huit qui forment le tableau du jury d'accusation, il lui est signifié que son excuse a été jugée non valable, qu'il est sur le tableau des jurés, et qu'il ait à se rendre au jour fixé pour l'assemblée.

Copie de cette signification est laissée à sa personne; à défaut de signification à sa personne, elle est laissée à un officier ou agent municipal du lieu, ou son adjoint, qui est tenu de lui en donner connaissance.

499. Tout juré qui ne s'est pas rendu sur la sommation qui lui en a été faite, est condamné aux peines mentionnées dans l'article 494.

Sont exceptés de la présente disposition ceux qui prouveraient qu'ils sont retenus pour cause de maladie grave ou force majeure.

500. Dans tous les cas, s'il manque un ou plusieurs jurés au jour indiqué, le directeur du jury le fait remplacer par un citoyen de la commune du lieu où le jury se trouve assemblé.

Ce citoyen est tiré au sort, en présence du commissaire du pouvoir exécutif et du public, sur la liste partielle formée en exécution de l'article 486 ci-dessus, et subsidiairement parmi les citoyens du lieu âgés de trente ans accomplis.

501. Le directeur du jury est tenu de joindre à chaque déclaration du jury d'accusation qu'il envoie au tribunal criminel, une copie du tableau des citoyens qui l'ont rendue, à peine de suspension de ses fonctions et de privation de son traitement pendant six mois.

Cette peine est prononcée par le tribunal criminel, sur les conclusions du commissaire du pouvoir exécutif.

TITRE XII.

De la manière de former le jury de jugement.

502. Nul ne peut être juré de jugement dans la même affaire où il a été juré d'accusation.

503. Le premier de chaque mois, le président du tribunal criminel, en présence de deux officiers municipaux, qui promettent de garder le secret, présente à l'accusateur public la liste qui lui a été adressée par le commissaire du pouvoir exécutif près l'administration du département.

L'accusateur public a la faculté d'en exclure un sur dix, sans donner de motifs.

Le reste des noms est mis dans un vase pour être tirés au sort, et former le tableau tant des douze jurés que des trois adjoints.

504. Le tableau des jurés de jugement, ainsi formé, est présenté à l'accusé, qui peut, dans les vingt-quatre heures, et sans donner de motifs, récuser ceux qui le composent : les jurés récusés sont remplacés par le sort.

505. Quand l'accusé a exercé vingt récusations, celles qu'il présente ensuite doivent être

fondées sur des causes dont le tribunal juge la validité.

506. S'il y a plusieurs coaccusés, ils peuvent se concerter pour exercer les vingt récusations que la loi leur accorde, sans en déclarer les motifs.

Ils peuvent aussi les exercer séparément.

507. Mais, dans l'un et l'autre cas, la faculté de récuser sans en déclarer les motifs, ne peut s'étendre au-delà du nombre de vingt jurés, quel que soit celui des accusés.

508. Si les accusés ne se concertent pas pour récuser, le sort règle entre eux le rang dans lequel se feront les récusations ; et, dans ce cas, chacun d'eux récuse successivement un des jurés, jusqu'à ce que la faculté de récusation soit épuisée.

509. Les accusés peuvent se concerter pour récuser une partie des vingt jurés, sauf à exercer ensuite séparément le reste des récusations, suivant le rang fixé entre eux par le sort.

510. Lorsque les citoyens inscrits sur une des listes servant à former le tableau des jurés de jugement, prévoient, pour le 15 du mois suivant, quelque obstacle qui pourrait les empêcher de se rendre à l'assemblée du jury s'il arrivait qu'ils y fussent appelés par le sort, ils en donnent connaissance au président du tribunal criminel, deux jours au moins avant le 1.er du mois pendant lequel ils desirent d'être excusés.

511. La valeur de cette excuse est jugée dans les vingt-quatre heures par le tribunal criminel.

512. Si l'excuse est jugée suffisante, le nom de celui qui l'a présentée, est retiré pour cette fois de la liste.

Si elle est jugée non valable, son nom est soumis au sort comme les autres.

513. Si celui qui a présenté l'excuse, est désigné

2

par le sort pour être, soit l'un des douze qui forment le tableau du jury de jugement, soit l'un des trois jurés-adjoints, il lui est signifié que son excuse a été jugée non valable, qu'il est sur le tableau du jury, et qu'il ait à se rendre au jour fixé pour l'assemblée des jurés.

Copie de cette signification est laissée à sa personne ; et, à défaut de signification à sa personne, elle est laissée à un officier ou agent municipal du lieu, ou son adjoint, qui est tenu de lui en donner connaissance.

514. Tout juré qui ne s'est pas rendu sur la sommation qui lui en a été faite, est condamné à cinquante livres d'amende, à la privation de son droit d'éligibilité et de suffrage pendant deux ans, et aux frais de l'impression et affiche du jugement dans toute l'étendue du département.

Sont exceptés de la présente disposition ceux qui prouveraient qu'ils ont été retenus par une maladie grave ou force majeure.

515. Dans tous les cas, s'il manque un ou plusieurs jurés au jour indiqué, le président les fait remplacer par des citoyens de la commune où siége le tribunal, lesquels sont tirés au sort sur la liste partielle de l'arrondissement du jury d'accusation dont cette commune fait partie, et subsidiairement parmi les citoyens du lieu ayant trente ans accomplis.

TITRE XIII.

Des jurés spéciaux.

516. Toute affaire dans laquelle, d'après la constitution et les articles 140, 141 et 142 ci-dessus, le directeur du jury exerce immédiatement les fonc
tion

tions d'officier de police judiciaire, doit être soumise à des jurés spéciaux d'accusation et de jugement.

517. Il en est de même de toute affaire qui a pour objet un faux en écriture ou fabrication, une banqueroute frauduleuse, une concussion, un péculat, un vol de commis ou d'associés en matière de finance, commerce ou banque, une forfaiture, ou un écrit imprimé.

518. Pour former le jury spécial d'accusation, le commissaire du pouvoir exécutif près le directeur du jury choisit seize citoyens ayant les qualités et connaissances nécessaires pour prononcer sainement et avec impartialité sur le genre du délit.

Sur ces seize citoyens, il en est tiré au sort huit, de la manière réglée par l'article 492, lesquels composent le tableau du jury d'accusation.

519. La liste destinée à former le jury spécial de jugement est dressée par le président de l'administration départementale ; il choisit, à cet effet, trente citoyens ayant les qualités et connaissances ci-dessus désignées.

520. Sur ces trente citoyens, le président du tribunal criminel en fait tirer au sort quinze pour former un tableau de jurés et d'adjoints, lequel est présenté à l'accusé ou aux accusés, qui ont droit de récuser ceux qui le composent, au nombre et selon le mode réglés par les articles 504 et suivans.

521. Une première récusation peut être faite sur la liste entière comme ayant été formée en haine de l'accusé ; et, si le tribunal le juge ainsi, le vice-président de l'administration départementale forme une nouvelle liste, dans laquelle ne peuvent être portés ceux qui l'ont été sur la première.

522. Tous les membres du jury spécial qui ont

1. 6.

G

été récusés, sont remplacés par des citoyens tirés au
sort, d'abord parmi les quinze autres choisis par le
président du département, et subsidiairement parmi
des citoyens tirés au sort dans la liste ordinaire des
jurés.

523. L'accusateur public n'a aucune récusation
à exercer sur les jurés spéciaux.

524. Les tableaux des jurys d'accusation et de
jugement peuvent être formés, et ces jurys peuvent
s'assembler, les jours que le directeur du jury et le
président du tribunal criminel trouvent respectivement convenable de fixer pour chaque affaire.

525. Toute contravention aux dispositions du
présent titre et des trois précédens, emporte nullité.

TITRE XIV.

Procédure particulière sur le faux.

526. Dans toutes les plaintes ou dénonciations
en faux, les pièces arguées de faux sont déposées
au greffe, et signées par le greffier, qui en dresse
un procès-verbal détaillé;

Elles sont ensuite signées et paraphées par le
directeur du jury, ou, dans le cas de l'article 143,
par le juge de paix, ainsi que par la partie plaignante ou dénonciatrice;

Elles le sont également par le prévenu au moment de sa comparution;

Le tout à peine de nullité.

527. Les plaintes et dénonciations en faux
peuvent toujours être reçues, quoique les pièces
qui en sont l'objet aient pu servir de fondement à
des actes judiciaires ou civils.

528. Tout dépositaire public ou particulier de
pièces arguées de faux est tenu, sous peine d'y être
contraint par corps, de les remettre, sur l'ordre qui

en est donné par écrit , par le directeur du jury,
ou , dans le cas de l'article 143 , par le juge de
paix.

Cet ordre lui sert de décharge envers tous ceux
qui ont intérêt à la pièce.

529. Les pièces qui peuvent être fournies pour
servir de comparaison, sont signées et paraphées à
toutes les pages par le greffier , par le directeur du
jury, ou , dans le cas de l'article 143 , par le juge
de paix, et par le plaignant ou dénonciateur, ou
son fondé de procuration spéciale , ainsi que par
le prévenu au moment de sa comparution ; le tout
à peine de nullité.

530. Les dépositaires publics seuls peuvent être
contraints à fournir les pièces de comparaison qui
sont en leur possession, sur l'ordre par écrit du
directeur du jury , ou , dans le cas de l'article 143,
du juge de paix ; lequel leur sert de décharge envers ceux qui pourraient avoir intérêt à la pièce.

531. S'il est nécessaire de déplacer une pièce
authentique , il en est laissé dans le dépôt une copie
collationnée, laquelle est signée par le juge de paix
du lieu.

532. Lorsque les témoins s'expliquent sur une
pièce du procès , ils sont tenus de la parapher.

533. Si, dans le cours d'une instruction ou d'une
procédure, une pièce produite est arguée de faux
par une des parties, elle somme l'autre partie de déclarer si elle entend se servir de la pièce.

534. Si la partie déclare qu'elle ne veut pas se
servir de la pièce, elle est rejetée du procès, et il
est passé outre à l'instruction et au jugement.

535. Si la partie déclare qu'elle entend se servir
de la pièce, l'instruction sur le faux est suivie civilement devant le tribunal saisi de l'affaire princi-
pale.

536. Mais si la partie qui a argué de faux la pièce, soutient que celui qui l'a produite est l'auteur du faux, l'accusation est suivie criminellement dans les formes ci-dessus prescrites; et conformément à l'article 8, il est sursis au jugement du procès civil jusqu'après le jugement de l'accusation en faux.

537. Les juges, les commissaires du pouvoir exécutif près les tribunaux, et les officiers de police, sont tenus de poursuivre et de dénoncer, dans la forme ci-dessus réglée, tous les auteurs et complices de faux qui peuvent venir à leur connaissance.

538. L'officier public poursuivant, ainsi que le plaignant ou dénonciateur, peuvent présenter au jury d'accusation et à celui de jugement toutes les pièces et preuves de faux; mais l'accusé ne peut être contraint à en produire ou en former aucune.

539. Si un tribunal trouve dans la visite d'un procès, même civil, des indices qui conduisent à connaître l'auteur d'un faux, le président délivre le mandat d'amener, et remplit d'office, à cet égard, les fonctions d'officier de police judiciaire.

540. Lorsque des actes authentiques ont été déclarés faux en tout ou en partie, leur rétablissement, radiation ou réformation, est ordonné par le tribunal qui a connu de l'affaire; les pièces de comparaison sont renvoyées sur-le-champ dans les dépôts dont elles ont été tirées.

541. Dans tout le reste de l'instruction, l'on procède sur le faux comme sur les autres délits, sauf les exceptions suivantes, qui sont particulières au crime de fausse monnaie.

542. Les directeurs de jury, les juges de paix, les commissaires de police, les agens municipaux et leurs adjoints, sont autorisés à faire, en présence

de deux citoyens domiciliés dans le canton, ou après les avoir requis de les assister, les ouvertures de portes, et perquisitions nécessaires chez les personnes suspectes de fabrication ou distribution de fausse monnaie métallique ou autre, sur les dénonciations revêtues des caractères exigés par la loi, ou d'après les renseignemens que ces officiers ont pris d'office.

Ils sont également autorisés à saisir toutes pièces de conviction, et à faire mettre les prévenus en état d'arrestation.

L'agent du trésor public à Paris, et dans les départemens les commissaires du pouvoir exécutif tant près les administrations départementales et municipales que près les tribunaux, sont spécialement chargés de requérir ces recherches et perquisitions.

543. Les visites domiciliaires qu'il y a lieu de faire, d'après l'article 542, sont précédées d'une ordonnance, qui, conformément à l'article 359 de la constitution, désigne la présente loi comme autorisant ces visites, les personnes chez lesquelles elles doivent se faire, et leur objet.

544. Les directeurs du jury et les autres officiers désignés en l'article 542, qui ont commencé la recherche d'un délit de fabrication ou distribution de fausse monnaie métallique ou autre, la continuent, et font, en se conformant à la loi, les visites nécessaires hors de leur ressort.

545. Si un particulier, complice d'une fabrication de fausse monnaie métallique ou autre, vient le premier la dénoncer, il est exempt de la peine qu'il a encourue.

Il reçoit en outre une récompense pécuniaire, s'il procure l'arrestation des faussaires, ainsi que la saisie des matières et instrumens de faux.

546. La loi excepte pareillement de toute peine

celui qui, étant complice d'une fabrication de fausse monnaie métallique ou autre, procure, de son propre mouvement, après qu'elle est dénoncée, l'arrestation des faussaires et la saisie des matières et instrumens de faux.

547. Les dispositions des deux articles précédens s'appliquent aux complices de fabrication de fausse monnaie métallique ou autre, entreprise hors de France, qui la dénonceraient, soit aux autorités constituées en France même, soit aux agens de la République près les gouvernemens étrangers, ou qui procureraient l'arrestation des faussaires et la saisie des matières et instrumens de faux.

TITRE XV.

Manière de procéder, en cas de destruction ou enlèvement des pièces ou du jugement d'une affaire criminelle.

548. Lorsque, par l'effet d'un incendie, de l'invasion des ennemis de la République, ou de toute autre cause, des minutes de jugemens rendus pour ou contre des accusés, et non encore exécutés, ou des procédures criminelles encore indécises, ont été détruites, enlevées ou autrement égarées, et qu'il n'est pas possible de les rétablir dans leurs dépôts, il est procédé ainsi qu'il suit.

549. S'il existe une expédition ou copie authentique du jugement, elle est considérée comme minute, et, en conséquence, remise dans le dépôt destiné à la conservation des jugemens.

550. A cet effet, tout officier public et tout individu dépositaire d'une expédition ou copie authentique d'un jugement, est tenu, sous peine d'y être contraint par corps, de la remettre au

greffe du tribunal de qui le jugement est émané, sur l'ordre qui en est donné par le président.

Cet ordre lui sert de décharge envers ceux qui ont intérêt à la pièce.

551. Lorsqu'il n'existe plus d'expédition ni de copie authentique du jugement, si la déclaration du jury qui l'a précédé existe encore en minute ou en copie authentique, on procède, d'après cette déclaration, à un nouveau jugement.

552. Si, dans le même cas, la déclaration du jury ne peut plus être représentée, l'instruction du procès est recommencée, à partir du plus ancien acte qui s'est trouvé égaré et qu'on ne peut représenter ni en minute, ni en expédition ou copie authentique.

553. Dans le nouveau débat qui a lieu en conséquence du précédent article, il peut être produit des témoins, tant par l'accusateur public que par l'accusé, pour rendre compte des circonstances et du résultat de la déclaration du jury et du jugement égarés, sauf aux jurés à y avoir tel égard que de raison.

554. Dans tous les cas, et pour tous effets, le jugement de condamnation non exécuté, qui n'est représenté ni en minute, ni en expédition ou copie authentique, est considéré comme n'ayant jamais existé, et il ne peut servir de base pour prononcer la peine de récidive, déterminée par le livre *des Peines.*

TITRE XVI.

Dispositions particulières sur les délits contraires au respect dû aux autorités constituées.

555. Les citoyens qui assistent aux audiences des juges de paix, ou à celles des tribunaux de

police, des tribunaux correctionnels, des tribunaux civils, des tribunaux criminels, de la haute-cour de justice, ou du tribunal de cassation, se tiennent découverts, dans le respect et le silence.

Tout ce que le président ordonne pour le maintien de l'ordre, est exécuté à l'instant même.

556. Si un ou plusieurs assistans interrompent le silence, donnent des signes publics d'approbation ou d'improbation, soit à la défense des parties, soit au jugement, causent ou excitent du tumulte de quelque manière que ce soit, et si, après l'avertissement des huissiers, ils ne rentrent pas dans l'ordre sur-le-champ, le président leur enjoint de se retirer.

En cas de refus d'obéir à cette injonction, les réfractaires sont saisis aussitôt, et déposés, sur le seul ordre du président, conçu de la manière prescrite par l'article 71, dans la maison d'arrêt, où ils demeurent vingt-quatre heures.

557. Si quelques mauvais citoyens osaient outrager les juges, accusateurs publics, accusateurs nationaux, commissaires du pouvoir exécutif, greffiers ou huissiers, dans l'exercice de leurs fonctions, le président fait à l'instant saisir les coupables, et les fait déposer dans la maison d'arrêt. L'ordre qu'il donne à cet effet est conçu comme dans le cas de l'article précédent.

Dans les vingt-quatre heures suivantes, le tribunal les condamne, par forme de punition correctionnelle, à un emprisonnement qui ne peut excéder huit jours.

558. Si les outrages, par leur nature ou les circonstances, méritent une peine plus forte, les prévenus sont renvoyés à subir, devant les officiers compétens, les épreuves de l'instruction correctionnelle ou criminelle, telles qu'elles sont réglées par les titres précédens.

559. Les administrations départementales et municipales, lorsqu'il se trouve dans le lieu de leurs séances des assistans qui n'en sont pas membres, y exercent les mêmes fonctions de police que celles attribuées aux juges.

Après avoir fait saisir les perturbateurs, aux termes des articles 556 et 557 ci-dessus, les membres de ces administrations dressent procès-verbal du délit, et l'envoient à l'officier de police judiciaire.

TITRE XVII.

Dispositions particulières sur la forfaiture et la prise-à-partie des juges.

560. Il n'y a lieu à la forfaiture que dans les cas déterminés par la loi.

Ces cas sont détaillés dans le livre *des Peines.*

561. Les actes qui donnent lieu à la forfaiture de la part des juges des tribunaux tant civils que criminels, correctionnels et de police, sont dénoncés au tribunal de cassation, soit par le directoire exécutif, soit par les parties intéressées.

562. Le tribunal de cassation annulle ces actes, s'il y a lieu ; et, dans ce cas, il les dénonce au corps législatif qui rend le décret d'accusation, après avoir entendu ou appelé les prévenus. *(Art. 262 et 263 de la constitution.)*

563. Le décret d'accusation qui, pour cause de forfaiture, intervient contre un juge, le renvoie pour être jugé devant le tribunal criminel de l'un des deux départemens les plus voisins de celui où ce juge est en fonctions, et il lui en laisse le choix.

564. Les juges des tribunaux tant civils que criminels, correctionnels et de police, ne peuvent être poursuivis pour cas emportant forfaiture, que

dans les formes prescrites par les trois articles précédens, à peine de nullité.

565. Il y a lieu à la prise-à-partie contre un juge dans les cas suivans seulement :

1.° Lorsqu'elle est ouverte à son égard par la disposition expresse et textuelle d'une loi ;

2.° Lorsqu'il est exprimé dans une loi que les juges sont responsables, à peine de dommages-intérêts ;

3.° Lorsqu'il y a eu de la part d'un juge, dol, fraude, ou prévarication commise par inimitié personnelle ;

4.° Lorsqu'il est dans le cas de la forfaiture.

566. Dans l'un et l'autre cas, la prise-à-partie ne peut être exercée qu'avec l'autorisation

Du corps législatif, s'il s'agit d'un membre du tribunal de cassation ou de la haute-cour de justice ;

Du tribunal de cassation, s'il s'agit, soit d'un membre de tribunal civil ou criminel de département, soit de tous les membres collectivement d'un tribunal correctionnel ou de police ;

D'un tribunal criminel de département, s'il s'agit d'un juge de paix ou assesseur de juge de paix.

567. Cette autorisation ne peut être donnée que sur une requête présentée par la partie plaignante, et notifiée un mois avant la présentation, au juge qui en est l'objet.

La requête est rejetée sans examen, si la preuve de cette notification n'y est pas annexée et mentionnée expressément.

568. Toute prise-à-partie exercée et toute autorisation de prise-à-partie donnée en contravention aux trois articles précédens, sont nulles.

569. Le décret ou jugement qui permet la prise-à-partie, renvoie pour la juger devant un tribunal

civil, si par la nature de l'affaire il ne peut y avoir lieu qu'à une condamnation de dommages-intérêts ; et devant un tribunal criminel, si par la nature de l'affaire il peut y avoir lieu à des peines, soit correctionnelles, soit infamantes, soit afflictives.

Dans ce dernier cas, on procède à l'égard du prévenu, ainsi qu'il est réglé par les articles 285, 286, 289, 290, 294, 297 et 298.

TITRE XVIII.

Des prisons et maisons d'arrêt.

570. Indépendamment des prisons qui sont établies comme peines, il y a, près de chaque directeur de jury d'accusation, une maison d'arrêt pour y retenir ceux qui sont envoyés par mandat d'officier de police ; et près de chaque tribunal criminel, une maison de justice pour détenir ceux contre lesquels il est intervenu une ordonnance de prise-de-corps.

571. Les commissaires du pouvoir exécutif près les administrations de département veillent, sous l'autorité de ces administrations, à ce que ces différentes maisons soient non-seulement sûres, mais propres et saines, de manière que la santé des personnes détenues ne puisse être aucunement altérée.

572. La garde de ces maisons est confiée par l'administration du département, sur la présentation de l'administration municipale du canton, à des citoyens d'un caractère et de mœurs irréprochables ; lesquels promettent de veiller à la garde de ceux qui leur seront remis, et de les traiter avec douceur et humanité.

573. Chaque gardien des maisons d'arrêt,

maisons de justice, ou geolier des prisons, est tenu d'avoir un registre.

Ce registre est signé et paraphé à toutes les pages par le directeur du jury, pour les maisons d'arrêt et les prisons; et par le président du tribunal criminel, pour les maisons de justice.

574. Tout exécuteur de mandat d'arrêt, d'ordonnance de prise-de-corps, ou de jugement de condamnation à la prison, est tenu, avant de remettre la personne qu'il conduit, de faire inscrire sur le registre l'acte dont il est porteur; l'acte de remise est écrit devant lui.

Le tout est signé, tant par lui que par le gardien ou geolier.

Le gardien ou geolier lui en donne copie signée de lui, pour sa décharge.

575. Nul gardien ou geolier ne peut, à peine d'être poursuivi et puni comme coupable de détention arbitraire, recevoir ni retenir aucune personne qu'en vertu, soit d'un mandat d'arrêt décerné selon les formes prescrites par les articles 222 et 223 de la constitution, soit d'une ordonnance de prise-de-corps, d'un décret d'accusation, ou d'un jugement de condamnation à prison, ou à détention correctionnelle, et sans que la transcription en ait été faite sur son registre.

576. Le registre ci-dessus mentionné contient, également en marge de l'acte de remise, la date de la sortie du détenu, ainsi que l'ordonnance ou le jugement en vertu desquels elle a eu lieu.

577. Dans toutes les communes où il y a, soit une maison d'arrêt, soit une maison de justice, soit une prison, un des officiers municipaux du lieu est tenu de faire, au moins deux fois par décade, la visite de ces maisons.

578. L'officier municipal veille à ce que la

nourriture des détenus soit suffisante et saine; et s'il s'aperçoit de quelque tort à cet égard contre la justice et l'humanité, il est tenu d'y pourvoir par lui-même ou d'y faire pourvoir par l'administration municipale; laquelle a le droit de condamner le geolier à l'amende, même de demander sa destitution au département, sans préjudice de la poursuite criminelle contre lui, s'il y a lieu.

579. La police des maisons d'arrêt et de justice, et des prisons, appartient à l'administration municipale du lieu.

Le président du tribunal peut néanmoins donner tous les ordres qu'il juge nécessaires pour l'instruction et le jugement.

Si quelque détenu use de menaces, injures ou violences, soit à l'égard du gardien ou geolier, soit à l'égard des autres détenus, l'officier municipal ordonne qu'il sera resserré plus étroitement, enfermé seul, même mis aux fers en cas de fureur ou de violence grave, sans préjudice de la poursuite criminelle, s'il y a lieu.

580. Les maisons d'arrêt ou de justice sont entièrement distinctes des prisons, qui sont établies pour peines.

Jamais un homme condamné ne peut être mis dans la maison d'arrêt, et réciproquement.

TITRE XIX.

Des moyens d'assurer la liberté des citoyens contre les détentions illégales ou autres actes arbitraires.

581. Tout homme, quelle que soit sa place ou son emploi, autre que ceux à qui la loi donne le droit d'arrestation, qui donne, signe, exécute ou fait exécuter l'ordre d'arrêter un individu, ou qui

l'arrête effectivement , si ce n'est pour le remettre sur-le-champ à la police dans les cas déterminés par la loi, est poursuivi criminellement, et puni comme coupable de détention arbitraire.

582. La même peine a lieu contre quiconque, même dans les cas d'arrestation autorisés par la loi, conduit , reçoit ou retient un individu dans un lieu de détention non légalement et publiquement désigné par l'administration du département, pour servir de maison d'arrêt, de maison de justice, ou de prison.

583. Quiconque a connaissance qu'un individu est illégalement détenu dans un lieu, est obligé d'en donner avis à l'un des agens municipaux , ou au juge de paix du canton ; il peut aussi en faire sa déclaration, signée de lui, au greffe de l'admi- nistration municipale , ou du juge de paix.

584. Ces officiers , d'après la connaissance qu'ils en ont, sont tenus de se transporter aussitôt, et de faire remettre en liberté la personne détenue, à peine de répondre de leur négligence , et même d'être poursuivis comme complices du crime d'at- tentat à la liberté individuelle.

585. Personne ne peut, de jour, et sur un ordre légal, refuser l'ouverture de sa maison lorsqu'une visite y est ordonnée spécialement pour cette recherche.

En cas de résistance contre cet ordre légal re- présenté et produit, l'officier municipal ou le juge de paix peut se faire assister de la force nécessaire, et tous les citoyens sont tenus de prêter main-forte.

586. Dans le cas de détention légale, l'officier municipal, lors de sa visite dans les maisons d'arrêt, de justice , ou prisons, examine ceux qui y sont détenus et les causes de leur détention ; et tout gar- dien ou geolier est tenu, à sa réquisition , de lui

présenter la personne de l'arrêté, sans qu'aucun ordre puisse l'en dispenser, et ce, sous peine d'être poursuivi criminellement comme coupable d'attentat à la liberté individuelle.

587. Si l'officier municipal, lors de sa visite, découvre qu'un homme est détenu sans que sa détention soit justifiée par aucun des actes exigés par la loi, il en dresse sur-le-champ procès-verbal, et fait conduire le détenu à la municipalité ; laquelle, après avoir de nouveau constaté le fait, le met définitivement en liberté, et dans ce cas poursuit la punition du gardien et du geolier.

588. Les parens ou amis du détenu, porteurs de l'ordre de l'officier municipal, qui ne peut le refuser, ont aussi le droit de se faire représenter sa personne ; et le gardien ne peut s'en dispenser qu'en justifiant de l'ordre exprès du président ou directeur du jury, inscrit sur son registre, portant injonction de le tenir au secret.

589. Tout gardien qui refuse de montrer au porteur de l'ordre de l'officier municipal la personne du prévenu, sur la réquisition qui lui en est faite, ou de montrer l'ordre du président ou directeur du jury qui le lui défend, est poursuivi ainsi qu'il est dit article 575 et autres.

590. Pour mettre les officiers publics ci-dessus désignés à portée de prendre les soins qui viennent d'être imposés à leur vigilance et à leur humanité, lorsque le prévenu a été envoyé à la maison d'arrêt établie près le directeur du jury, copie du mandat est remise à la municipalité du lieu, et une autre envoyée à celle du domicile du prévenu, s'il est connu ; celle-ci en donne avis aux parens ou amis du prévenu.

591. Le directeur du jury donne également avis à ces municipalités de l'ordonnance de prise-

de-corps rendue contre le prévenu, sous peine d'être suspendu de ses fonctions.

592. Le président du tribunal criminel est tenu, sous la même peine, d'envoyer aux mêmes municipalités copie du jugement d'absolution ou de condamnation du prévenu.

593. Il y a à cet effet, dans chaque municipalité, un registre particulier pour y tenir note des avis qui lui ont été donnés.

APPENDICE.

594. Les dispositions des deux premiers livres du présent code, devant seules, à l'avenir, régler l'instruction et la forme tant de procéder que de juger, relativement aux délits de toute nature, les lois des 16 et 29 septembre 1791, concernant la police de sûreté, la justice criminelle et l'établissement des jurés, sont rapportées, ainsi que toutes celles qui ont été rendues depuis pour les interpréter ou modifier.

Demeureront néanmoins annexées au présent code les formules qui l'étaient à la loi du 29 septembre 1791, sauf les changemens qui y ont été faits.

595. Sont pareillement rapportées les dispositions de la loi du 19 juillet 1791, relatives à la forme de procéder, et aux règles d'instruction à observer par les tribunaux de police municipale et correctionnelle.

596. En conséquence, tout exercice du pouvoir judiciaire, ci-devant attribué aux municipalités, pour la punition des délits de police municipale et de police rurale, leur est interdit pour l'avenir.

597.

597. Les lois sur la manière de juger les militaires prévenus de délits, sont maintenues conformément à l'article 290 de l'acte constitutionnel.

598. Sont également maintenues les lois sur la manière de juger les émigrés et les rebelles armés contre la République, sous les noms de *barbets*, *chouans*, ou autres.

LIVRE III.

DES PEINES.

Dispositions générales.

599. Les peines sont :
Ou de simple police,
Ou correctionnelles,
Ou infamantes,
Ou afflictives.

600. Les peines de simple police sont celles qui consistent dans une amende de la valeur de trois journées de travail ou au dessous, ou dans un emprisonnement qui n'excède pas trois jours.

Elles se prononcent par les tribunaux de police.

601. Les peines correctionnelles sont celles qui consistent, ou dans une amende au-dessus de la valeur de trois journées de travail, ou dans un emprisonnement de plus de trois jours.

Elles se prononcent par les tribunaux correctionnels.

602. Les peines infamantes sont la dégradation civique et le carcan.

603. Les peines afflictives sont la mort, la déportation, les fers, la reclusion dans les maisons de force, la gêne, la détention.

Elles ne peuvent être prononcées que par les tribunaux criminels.

1. *a.*   H

604. Toute peine afflictive est en même temps infamante.

TITRE PREMIER.

Des peines de simple police.

605. Sont punis des peines de simple police,

1.º Ceux qui négligent d'éclairer ou nettoyer les rues devant leurs maisons, dans les lieux où ce soin est à la charge des habitans ;

2.º Ceux qui embarrassent ou dégradent les voies publiques ;

3.º Ceux qui contreviennent à la défense de rien exposer sur les fenêtres ou au-devant de leurs maisons sur la voie publique, de rien jeter qui puisse nuire ou endommager par sa chute, ou causer des exhalaisons nuisibles ;

4.º Ceux qui laissent divaguer des insensés ou furieux, ou des animaux malfaisans ou féroces ;

5.º Ceux qui exposent en vente des comestibles gâtés, corrompus ou nuisibles ;

6.º Les boulangers et bouchers qui vendent le pain ou la viande au-delà du prix fixé par la taxe légalement faite et publiée ;

7.º Les auteurs d'injures verbales, dont il n'y a pas de poursuite par la voie criminelle ;

8.º Les auteurs de rixes, attroupemens injurieux ou nocturnes, voies de fait et violences légères, pourvu qu'ils n'aient blessé ni frappé personne, et qu'ils ne soient pas notés, d'après les dispositions de la loi du 19 juillet 1791, comme *gens sans aveu, suspects ou mal-intentionnés*, auxquels cas ils ne peuvent être jugés que par le tribunal correctionnel ;

9.º Les personnes coupables des délits mentionnés dans le titre II de la loi du 28 septembre

1791, sur la police rurale, lesquelles, d'après ses dispositions annexées en note au présent code (1),

---

De la Loi du 28 Septembre 1791, sur la Police rurale.

ART. I.er La police des campagnes est spécialement sous la juridiction des juges de paix et des officiers municipaux, et sous la surveillance des gardes champêtres et de la gendarmerie nationale.

II. Tous les délits ci-après mentionnés sont, suivant leur nature, de la compétence du juge de paix ou de la municipalité du lieu où ils auront été commis.

III. Tout délit rural ci-après mentionné, sera punissable d'une amende, ou d'une détention, soit municipale, soit correctionnelle, ou de détention et d'amende réunies, suivant les circonstances et la gravité du délit, sans préjudice de l'indemnité qui pourra être due à celui qui aura souffert le dommage. Dans tous les cas, cette indemnité sera payable par préférence à l'amende. L'indemnité et l'amende sont dues solidairement par les délinquans.

IV. Les moindres amendes seront de la valeur d'une journée de travail au taux du pays, déterminée par le directoire du département. Toutes les amendes ordinaires qui n'excéderont pas la somme de trois journées de travail, seront doubles en cas de récidive dans l'espace d'une année, ou si le délit a été commis avant le lever, ou après le coucher du soleil : elles seront triples quand les deux circonstances précédentes se trouveront réunies. Elles seront versées dans la caisse de la municipalité du lieu.

V. Le défaut de paiement des amendes et des dédommagemens ou indemnités, n'entraînera la contrainte par corps que vingt-quatre heures après le commandement. La détention remplacera l'amende à l'égard des insolvables ; mais sa durée en commutation de peine ne pourra excéder un mois. Dans les délits pour lesquels cette peine n'est point prononcée, et dans les cas graves où la détention est jointe à l'amende, elle pourra être prolongée du quart du temps prescrit par la loi.

1. a.   H 2

étaient dans le cas d'être jugées par voie de police municipale.

VI. Les délits mentionnés au présent décret, qui entraîneraient une détention de plus de trois jours dans les campagnes, et de plus de huit jours dans les villes, seront jugés par voie de police correctionnelle; les autres le seront par voie de police municipale.

VII. Les maris, pères, mères, tuteurs, maîtres, entrepreneurs de toute espèce, seront civilement responsables des délits commis par leurs femmes et enfans, pupilles, mineurs n'ayant pas plus de vingt ans et non mariés, domestiques, ouvriers, voituriers et autres subordonnés. L'estimation du dommage sera toujours faite par le juge de paix ou ses assesseurs, ou par des experts par eux nommés.

VIII. Les domestiques, ouvriers, voituriers ou autres subordonnés, seront, à leur tour, responsables de leurs délits envers ceux qui les emploient.

IX. Les officiers municipaux veilleront généralement à la tranquillité, à la salubrité et à la sûreté des campagnes; ils seront tenus particulièrement de faire, au moins une fois par an, la visite des fours et cheminées de toutes maisons et de tous bâtimens éloignés de moins de cent toises d'autres habitations : ces visites seront préalablement annoncées huit jours d'avance.

Après la visite, ils ordonneront la réparation ou la démolition des fours et des cheminées qui se trouveront dans un état de délabrement qui pourrait occasionner un incendie ou d'autres accidens : il pourra y avoir lieu à une amende au moins de 6 livres, et au plus de 24 livres.

X. Toute personne qui aura allumé du feu dans les champs, plus près que cinquante toises des maisons, bois, bruyères, vergers, haies, meules de grains, de paille ou de foin, sera condamnée à une amende égale à la valeur de douze journées de travail, et paiera en outre le dommage que le feu aurait occasionné. Le délinquant pourra de plus, suivant les circonstances, être condamné à la détention de police municipale.

XI. Celui qui achetera des bestiaux hors des foires

606. Le tribunal de police gradue, selon les
circonstances, et le plus ou moins de gravité du

---

et marchés, sera tenu de les restituer gratuitement au propriétaire en l'état où ils se trouveront, dans le cas où ils auraient été volés.

XII. Les dégâts que les bestiaux de toute espèce, laissés à l'abandon, feront sur les propriétés d'autrui, soit dans l'enceinte des habitations, soit dans un enclos rural, soit dans les champs ouverts, seront payés par les personnes qui ont la jouissance des bestiaux : si elles sont insolvables, ces dégâts seront payés par celles qui en ont la propriété. Le propriétaire qui éprouvera les dommages aura le droit de saisir les bestiaux, sous l'obligation de les faire conduire dans les vingt-quatre heures au lieu du dépôt qui sera désigné à cet effet par la municipalité.

Il sera satisfait aux dégâts par la vente des bestiaux, s'ils ne sont pas réclamés, ou si le dommage n'a point été payé dans la huitaine du jour du délit.

Si ce sont des volailles, de quelque espèce que ce soit, qui causent le dommage, le propriétaire, le détenteur ou le fermier qui l'éprouvera, pourra les tuer, mais seulement sur le lieu, au moment du dégât.

XIII. Les bestiaux morts seront enfouis dans la journée à quatre pieds de profondeur, par le propriétaire, et dans son terrain, ou voiturés à l'endroit désigné par la municipalité, pour y être également enfouis ; sous peine par le délinquant de payer une amende de la valeur d'une journée de travail, et les frais de transport et d'enfouissement.

XIV. Ceux qui détruiront les greffes des arbres fruitiers ou autres, et ceux qui écorceront ou couperont en tout ou en partie des arbres sur pied qui ne leur appartiendront pas, seront condamnés à une amende double du dédommagement dû au propriétaire, et à une détention de police correctionnelle qui ne pourra excéder six mois.

XV. Personne ne pourra inonder l'héritage de son voisin, ni lui transmettre volontairement les eaux d'une manière nuisible, sous peine de payer le dommage, et

délit, les peines qu'il est chargé de prononcer, sans néanmoins qu'elles puissent, en aucun cas,

---

une amende qui ne pourra excéder la somme du dédommagement.

XVI. Les propriétaires ou fermiers des moulins et usines construits ou à construire, seront garans de tous dommages que les eaux pourraient causer aux chemins ou aux propriétés voisines, par la trop grande élévation du déversoir ou autrement. Ils seront forcés de tenir les eaux à une hauteur qui ne nuise à personne, et qui sera fixée par le directoire du département, d'après l'avis du directoire de district. En cas de contravention, la peine sera une amende, qui ne pourra excéder la somme du dédommagement.

XVII. Il est défendu à toute personne de recombler les fossés, de dégrader les clôtures, de couper des branches de haies vives, d'enlever des bois secs des haies, sous peine d'une amende de la valeur de trois journées de travail. Le dédommagement sera payé au propriétaire ; et, suivant la gravité des circonstances, la détention pourra avoir lieu, mais au plus pour un mois.

XVIII. Dans les lieux qui ne sont sujets ni au parcours ni à la vaine pâture, pour toute chèvre qui sera trouvée sur l'héritage d'autrui contre le gré du propriétaire de l'héritage, il sera payé une amende de la valeur d'une journée de travail par le propriétaire de la chèvre.

Dans les pays de parcours ou de vaine pâture, où les chèvres ne sont pas rassemblées et conduites en troupeau commun, celui qui aura des animaux de cette espèce, ne pourra les mener aux champs qu'attachés, sous peine d'une amende de la valeur d'une journée de travail par tête d'animal.

En quelque circonstance que ce soit, lorsqu'elles auront fait du dommage aux arbres fruitiers ou autres, haies, vignes, jardins, l'amende sera double, sans préjudice du dédommagement dû au propriétaire.

XIX. Les propriétaires ou les fermiers d'un même canton ne pourront se coaliser pour faire baisser ou fixer à vil prix la journée des ouvriers ou les gages des domestiques, sous peine d'une amende du quart

ni être au-dessous d'une amende de la valeur d'une
journée de travail ou d'un jour d'emprisonnement,

de la contribution mobiliaire des délinquans, et même
de la détention de police municipale, s'il y a lieu.

XX. Les moissonneurs, les domestiques et ouvriers
de la campagne ne pourront se liguer entre eux pour
faire hausser et déterminer le prix des gages ou les
salaires, sous peine d'une amende, qui ne pourra
excéder la valeur de douze journées de travail, et en
outre, de la détention de police municipale.

XXI. Les glaneurs, les râteleurs et les grappilleurs,
dans les lieux où les usages de glaner, de rateler ou
de grappiller sont reçus, n'entreront dans les champs,
prés et vignes récoltés et ouverts, qu'après l'enlèvement entier des fruits. En cas de contravention, les
produits du glanage, du râtelage et grappillage, seront
confisqués, et, suivant les circonstances, il pourra y
avoir lieu à la détention de police municipale. Le
glanage, le râtelage et le grappillage sont interdits dans
tout enclos rural, tel qu'il est défini à l'article VI de
la quatrième section du premier titre du présent décret.

XXII. Dans les lieux de parcours ou de vaine
pâture, comme dans ceux où ces usages ne sont point
établis, les pâtres et les bergers ne pourront mener
les troupeaux d'aucune espèce dans les champs mois-
sonnés et ouverts, que deux jours après la récolte
entière, sous peine d'une amende de la valeur d'une
journée de travail : l'amende sera double, si les bestiaux
d'autrui ont pénétré dans un enclos rural.

XXIII. Un troupeau atteint de maladie contagieuse,
qui sera rencontré au pâturage sur les terres du parcours ou de la vaine pâture, autres que celles qui
auront été désignées pour lui seul, pourra être saisi
par les gardes champêtres, et même par toute personne ;
il sera ensuite mené au lieu de dépôt, qui sera indiqué
à cet effet par la municipalité.

Le maître de ce troupeau sera condamné à une
amende de la valeur d'une journée de travail par tête
de bête à laine, et à une amende triple par tête d'autre
bétail.

Il pourra en outre, suivant la gravité des circons-

ni s'élever au-dessus de la valeur de trois journées
de travail ou de trois jours d'emprisonnement.

---

tances, être responsable du dommage que son troupeau
aurait occasionné, sans que cette responsabilité puisse
s'étendre au-delà des limites de la municipalité.

A plus forte raison cette amende et cette responsabilité
auront lieu, si ce troupeau a été saisi sur les terres
qui ne sont point sujétes au parcours ou à la vaine
pâture.

XXIV. Il est défendu de mener sur le terrain d'autrui
des bestiaux d'aucune espèce, et en aucun temps, dans
les prairies artificielles, dans les vignes, oseraies, dans
les plants de câpriers, dans ceux d'oliviers, de mûriers,
de grenadiers, d'orangers et arbres du même genre,
dans tous les plants ou pépinières d'arbres fruitiers ou
autres, faits de main d'homme.

L'amende encourue pour le délit, sera une somme
de la valeur du dédommagement dû au propriétaire ;
l'amende sera double, si le dommage a été fait dans
un enclos rural ; et, suivant les circonstances, il pourra
y avoir lieu à la détention de police municipale.

XXV. Les conducteurs des bestiaux revenant des
foires, ou les menant d'un lieu à un autre, même dans
les pays de parcours ou de vaine pâture, ne pourront
les laisser pacager sur les terres des particuliers, ni sur
les communaux, sous peine d'une amende de la valeur
de deux journées de travail, en outre du dédommagement. L'amende sera égale à la somme du dédommagement, si le dommage est fait sur un terrain
ensemencé, ou qui n'a pas été dépouillé de sa récolte,
ou dans un enclos rural.

A défaut de paiement, les bestiaux pourront être
saisis et vendus jusqu'à concurrence de ce qui sera
dû pour l'indemnité, l'amende et autres frais relatifs ;
il pourra même y avoir lieu envers les conducteurs,
à la détention de police municipale, suivant les circonstances.

XXVI. Quiconque sera trouvé gardant à vue ses
bestiaux dans les récoltes d'autrui, sera condamné, en
outre du paiement du dommage, à une amende égale
à la somme du dédommagement, et pourra l'être,

607. En cas de récidive, les peines suivent la proportion réglée par les lois des 19 juillet et 28

---

suivant les circonstances, à une détention qui n'excédera pas une année.

XXVII. Celui qui entrera à cheval dans les champs ensemencés, si ce n'est le propriétaire ou ses agens, paiera le dommage, et une amende de la valeur d'une journée de travail : l'amende sera double si le délinquant y est entré en voiture. Si les blés sont en tuyau, et que quelqu'un y entre même à pied, ainsi que dans toute autre récolte pendante, l'amende sera au moins de la valeur de trois journées de travail, et pourra être d'une somme égale à celle due pour dédommagement au propriétaire.

XXVIII. Si quelqu'un, avant leur maturité, coupe ou détruit de petites parties de blé en vert, ou d'autres productions de la terre, sans intention manifeste de les voler, il paiera en dédommagement au propriétaire, une somme égale à la valeur que l'objet aurait eue dans sa maturité ; il sera condamné à une amende égale à la somme du dédommagement, et il pourra l'être à la détention de police municipale.

XXIX. Quiconque sera convaincu d'avoir dévasté des récoltes sur pied, ou abattu des plants venus naturellement, ou faits de main d'homme, sera puni d'une amende double du dédommagement dû au propriétaire, et d'une détention qui ne pourra excéder deux années.

XXX. Toute personne convaincue d'avoir, de dessein prémédité, méchamment, sur le territoire d'autrui, blessé ou tué des bestiaux ou chiens de garde, sera condamnée à une amende double de la somme du dédommagement. Le délinquant pourra être détenu un mois, si l'animal n'a été que blessé ; et six mois, si l'animal est mort de sa blessure, ou en est resté estropié : la détention pourra être du double, si le délit a été commis la nuit, ou dans une étable, ou dans un enclos rural.

XXXI. Toute rupture ou destruction d'instrument de l'exploitation des terres, qui aura été commise dans les champs ouverts, sera punie d'une amende égale

septembre 1791, et ne peuvent en conséquence être prononcées que par le tribunal correctionnel.

à la somme du dédommagement dû au cultivateur, et d'une détention qui ne sera jamais de moins d'un mois, et qui pourra être prolongée jusqu'à six, suivant la gravité des circonstances.

XXXII. Quiconque aura déplacé ou supprimé des bornes, ou pieds-corniers, ou autres arbres plantés ou reconnus pour établir les limites entre différens héritages, pourra, en outre du paiement du dommage et des frais de replacement des bornes, être condamné à une amende de la valeur de douze journées de travail, et sera puni par une détention dont la durée, proportionnée à la gravité des circonstances, n'excédera pas une année : la détention cependant pourra être de deux années, s'il y a transposition de bornes à fin d'usurpation.

XXXIII. Celui qui sans la permission du propriétaire ou fermier, enlèvera des fumiers, de la marne, ou tous autres engrais portés sur les terres, sera condamné à une amende qui n'excédera pas la valeur de six journées de travail, en outre du dédommagement, et pourra l'être à la détention de police municipale. L'amende sera de douze journées, et la détention pourra être de trois mois, si le délinquant a fait tourner à son profit lesdits engrais.

XXXIV. Quiconque maraudera, dérobera des productions de la terre qui peuvent servir à la nourriture des hommes, ou d'autres productions utiles, sera condamné à une amende égale au dédommagement dû au propriétaire ou fermier; il pourra aussi, suivant les circonstances du délit, être condamné à la détention de police municipale.

XXXV. Pour tout vol de récolte fait avec des paniers ou des sacs, ou à l'aide des animaux de charge, l'amende sera du double du dédommagement; et la détention qui aura toujours lieu, pourra être de trois mois, suivant la gravité des circonstances.

XXXVI. Le maraudage ou enlèvement de bois, fait à dos d'homme dans les bois taillis ou futaies, ou autres plantations d'arbres des particuliers ou commu-

608. Pour qu'il y ait lieu à une augmentation de peines pour cause de récidive, il faut qu'il y ait eu

---

nautés, sera puni d'une amende double du dédommagement dû au propriétaire. La peine de la détention pourra être la même que celle portée en l'article précédent.

XXXVII. Le vol dans les bois taillis, futaies et autres plantations d'arbres des particuliers ou communautés, exécuté à charge de bête de somme ou de charrette, sera puni par une détention qui ne pourra être de moins de trois jours, ni excéder six mois ; le coupable paiera en outre une amende triple de la valeur du dédommagement dû au propriétaire.

XXXVIII. Les dégâts faits dans les bois taillis des particuliers ou des communautés par des bestiaux ou troupeaux, seront punis de la manière suivante :

Il sera payé d'amende, pour une bête à laine, une livre ; pour un cochon, une livre ; pour une chèvre, deux livres ; pour un cheval ou autre bête de somme, deux liv ; pour un bœuf, une vache ou un veau, trois livres.

Si les bois taillis sont dans les six premières années de leur croissance, l'amende sera double.

Si les dégâts sont commis en présence du pâtre, et dans les bois taillis de moins de six années, l'amende sera triple.

S'il y a récidive dans l'année, l'amende sera double ; et s'il y a réunion des deux circonstances précédentes, ou récidive avec une des deux circonstances, l'amende sera quadruple.

Le dédommagement dû au propriétaire sera estimé de gré à gré, ou à dire d'experts.

XXXIX. Conformément au décret sur les fonctions de la gendarmerie nationale, tout dévastateur des bois, des récoltes, ou chasseur masqué, pris sur le fait, pourra être saisi par tout gendarme national, sans aucune réquisition d'officier civil.

XL. Les cultivateurs ou tous autres qui auront dégradé ou détérioré, de quelque manière que ce soit, des chemins publics, ou usurpé sur leur largeur, seront condamnés à la réparation ou à la restitution, et à une amende qui ne pourra être moindre de trois livres, ni excéder vingt-quatre livres.

XLI. Tout voyageur qui déclorra un champ pour

un premier jugement rendu contre le prévenu pour
pareil délit, dans les douze mois précédens, et dans
le ressort du même tribunal de police.

TITRE II.

Des peines correctionnelles.

609. En attendant que les dispositions de l'ordonnance des eaux et forêts de 1669, les lois des
19 juillet et 28 septembre 1791, celle du 20 mes-
sidor de l'an 3, et les autres relatives à la police

se faire un passage dans sa route, paiera le dommage
fait au propriétaire, et de plus, une amende de la
valeur de trois journées de travail, à moins que le
juge de paix du canton ne décide que le chemin public
était impraticable ; et alors les dommages et les frais
de clôture seront à la charge de la communauté.

XLII. Le voyageur qui, par la rapidité de sa
voiture ou de sa monture, tuera ou blessera des bestiaux
sur les chemins, sera condamné à une amende égale à la
somme du dédommagement dû au propriétaire des bestiaux.

XLIII. Quiconque aura coupé ou détérioré des
arbres plantés sur les routes, sera condamné à une
amende du triple de la valeur des arbres, et à une
détention qui ne pourra excéder six mois.

XLIV. Les gazons, les terres ou les pierres des
chemins publics, ne pourront être enlevés en aucun
cas, sans l'autorisation du directoire du département.
Les terres ou matériaux appartenant aux communautés,
ne pourront également être enlevés, si ce n'est par
suite d'un usage général établi dans la commune pour
les besoins de l'agriculture, et non aboli par une
délibération du conseil général.

Celui qui commettra l'un de ces délits, sera, en
outre de la réparation du dommage, condamné, suivant
la gravité des circonstances, à une amende qui ne
pourra excéder vingt-quatre livres, ni être moindre
de trois livres ; il pourra de plus être condamné à la
détention de police municipale.

municipale, correctionnelle, rurale et forestière, aient pu être révisées, les tribunaux correctionnels appliqueront aux délits qui sont de leur compétence, les peines qu'elles prononcent.

TITRE III.

Des peines infamantes et afflictives.

610. Les tribunaux criminels se conformeront, jusqu'à ce qu'il en ait été autrement ordonné, à toutes les dispositions, tant du code pénal décrété par l'Assemblée constituante le 25 septembre 1791, que des autres lois pénales émanées, soit de l'Assemblée législative, soit de la Convention nationale, auxquelles il n'a pas été dérogé jusqu'à ce jour.

611. Sont exceptées de l'article précédent, les dispositions contenues dans les II.ᵉ et III.ᵉ sections du titre I.ᵉʳ de la seconde partie du code pénal, lesquelles sont rapportées, et seront remplacées par les suivantes.

Des crimes contre la sûreté intérieure de la République.

612. Toutes conspirations et complots tendant à troubler la République par une guerre civile, en armant les citoyens les uns contre les autres, ou contre l'exercice de l'autorité légitime, seront punis de mort, tant que cette peine subsistera ; et de vingt-quatre années de fers, quand elle sera abolie.

613. Seront punis de même, tout enrôlement de soldats, levée de troupes, amas d'armes et de munitions pour exécuter les complots et machinations mentionnés en l'article précédent ;

Toute attaque ou résistance envers la force publique agissant contre l'exécution desdits complots ;

Tout envahissement de ville, forteresse, magasin, arsenal, port ou vaisseau.

La loi du 30 prairial de l'an 3.e de la République détermine les peines à infliger aux autres coupables des mêmes révoltes.

614. Toutes pratiques et intelligences avec les révoltés, de la nature de celles mentionnées dans les deux articles précédens, sont punies conformément à l'article 612.

615. Tout commandant d'un corps de troupes, d'une flotte ou d'une escadre, d'une place forte ou d'un poste, qui en retiendrait le commandement contre l'ordre du directoire exécutif;

Tout commandant qui tiendrait son armée rassemblée après que la séparation en aurait été ordonnée;

Tout chef militaire qui retiendrait sa troupe sous les drapeaux, lorsque le licenciement en aurait été ordonné;

Est coupable du crime de révolte, et puni conformément à l'article 612.

Des crimes et attentats contre la constitution.

616. Tous complots ou attentats pour empêcher la réunion ou pour opérer la dissolution d'une assemblée primaire ou d'une assemblée électorale, seront punis de la peine de la gêne pendant quinze ans.

617. Quiconque sera convaincu d'avoir, par force ou violence, écarté ou chassé d'une assemblée primaire un citoyen ayant droit d'y voter, sera puni de la peine de la dégradation civique.

618. Si des troupes investissent le lieu des séances d'une assemblée primaire ou électorale, ou pénètrent dans son enceinte sans l'autorisation ou la réquisition de son président, les membres

du directoire exécutif ou le ministre ou le commandant qui en auront donné l'ordre, et les officiers qui l'auront fait exécuter, seront punis de la
peine de la gêne pendant quinze années.

619. Sont exceptés les cas où le corps législatif
aurait décrété des mesures répressives contre une
assemblée primaire ou électorale qui se serait mise
en révolte contre l'autorité légitime.

620. Toutes conspirations ou attentats pour
empêcher la réunion ou pour opérer la dissolution
du corps législatif, ou pour empêcher, par force
et violence, la liberté de ses délibérations ;

Tous attentats contre la liberté individuelle d'un
de ses membres ;

Seront punis conformément à l'article 612.

Tous ceux qui auront participé à ces conspirations ou attentats par les ordres qu'ils auront
donnés ou exécutés, subiront la même peine.

621. Si des troupes de ligne approchent ou
séjournent plus près de six myriamètres (douze
lieues moyennes) de l'endroit où le corps législatif
tiendra ses séances, sans que le corps législatif en
ait autorisé ou requis l'approche ou le séjour, les
membres du directoire exécutif ou le ministre qui
en auront donné l'ordre, ou le commandant en
chef qui, sans ordre donné par le ministre de la
guerre, aura fait approcher ou séjourner lesdites troupes, seront punis de la peine de dix années de gêne.

622. Quiconque aura commis l'attentat d'investir
d'hommes armés le lieu des séances du corps législatif, ou de les y introduire sans son autorisation
ou sa réquisition, sera puni conformément à l'article 612.

Tous ceux qui auront participé à cet attentat
par les ordres qu'ils auront donnés ou exécutés,
subiront la même peine.

623. Si quelque acte était publié comme loi, sans avoir été décrété par le corps législatif, et que cet acte fût extérieurement revêtu d'une forme législative différente de celle prescrite par la constitution, tout membre du directoire exécutif qui l'aura signé, sera puni conformément à l'article 612.

Tout ministre ou agent du pouvoir exécutif, qui l'aura fait publier ou exécuter, sera puni de la peine de la dégradation civique.

624. Si quelque acte extérieurement revêtu de la forme législative prescrite par la constitution, était publié comme loi, sans toutefois que l'acte eût été décrété par le corps législatif, les membres du directoire exécutif qui l'auront signé, seront punis conformément à l'article 612.

625. En cas de publication d'une loi extérieurement revêtue de la forme législative prescrite par la constitution, mais dont le texte aurait été altéré ou falsifié, les membres du directoire exécutif qui l'auront signée, seront punis conformément à l'article 612.

626. Si quelque acte portant établissement d'un impôt ou emprunt national, était publié sans que cet emprunt ou impôt eût été décrété par le corps législatif, et que ledit acte fût extérieurement revêtu d'une forme législative différente de celle prescrite par la constitution, les membres du directoire exécutif qui auront signé ledit acte, donné ou signé des ordres pour percevoir ledit impôt ou recevoir les fonds dudit emprunt, seront punis conformément à l'article 612.

Tout ministre qui aura fait publier ou exécuter lesdits ordres, tout agent du pouvoir exécutif qui les aura exécutés, soit en percevant ledit impôt, soit en recevant les fonds dudit emprunt, sera

puni

puni de la peine de la dégradation civique.

627. Si ledit acte extérieurement revêtu de la forme législative prescrite par la constitution, était publié sans toutefois que ledit emprunt ou impôt eût été décrété par le corps législatif, les membres du directoire exécutif qui auront signé ledit acte, donné ou signé des ordres pour percevoir ledit impôt ou recevoir les fonds dudit emprunt, seront punis conformément à l'article 612.

628. Si quelque acte ou ordre émané du pouvoir exécutif rétablissait des ordres, corps politiques, administratifs ou judiciaires que la constitution a détruits, détruisait les corps établis par la constitution, ou créait des corps autres que ceux que la constitution a établis, tout membre du directoire exécutif qui aura signé ledit acte ou ledit ordre, sera puni de la peine de vingt années de gêne.

Tous ceux qui auront participé à ce crime, soit en acceptant les pouvoirs, soit en exerçant les fonctions, conférés par ledit ordre ou ledit acte, seront punis de la peine de la dégradation civique.

629. S'il émanait du pouvoir exécutif un acte portant nomination en son nom, d'un emploi qui, suivant la constitution, ne peut être conféré que par l'élection libre des citoyens, ceux qui auront signé ledit acte seront punis de la peine de la dégradation civique.

Ceux qui auront participé à ce crime en acceptant ledit emploi ou en exerçant lesdites fonctions, seront punis de la même peine.

630. Toutes machinations ou violences ayant pour objet d'empêcher la réunion ou d'opérer la dissolution de toute assemblée administrative, d'un tribunal, ou de toute assemblée constitutionnelle et légale, soit de commune, soit municipale, seront punies de la peine de six années de

gêne, si lesdites violences ont été exercées avec armes, et de trois années de détention si elles l'ont été sans armes.

631. Tout membre du directoire exécutif, tout ministre, qui sera coupable du crime mentionné en l'article précédent, par les ordres qu'il aura donnés, sera puni de la peine de douze années de gêne.

Les chefs, commandans et officiers qui auront contribué à exécuter lesdits ordres, seront punis de la même peine.

Si par l'effet desdites violences quelque citoyen perd la vie, la peine portée par l'article 612 sera prononcée contre les auteurs desdites violences, et contre ceux qui par le présent article en sont rendus responsables.

Le présent article et le précédent ne portent point atteinte au droit délégué par la constitution aux autorités légitimes, de suspendre ou destituer de leurs fonctions les administrations départementales et municipales.

632. Tout membre du directoire exécutif, tout ministre, qui, en temps de paix, aura donné des ordres pour lever et entretenir un nombre de troupes de terre supérieur à celui qui aura été déterminé par les décrets du corps législatif, ou pour introduire des troupes étrangères dans le territoire de la République, sans le consentement du corps législatif, sera puni de la peine de vingt années de gêne.

633. Toute violence exercée par l'action de la force armée contre les citoyens, sans réquisition légitime, et hors des cas expressément prévus par la loi, sera punie de la peine de vingt années de gêne.

Les membres du directoire exécutif ou ministres qui en auront donné ou signé l'ordre, les commandans et officiers qui auront exécuté ledit ordre, ou qui sans ordre auront fait commettre lesdites violences, seront punis de la même peine.

Si par l'effet desdites violences quelque citoyen perd la vie, la peine portée par l'article 612 sera prononcée contre les auteurs desdites violences, et contre ceux qui par le présent article s'en sont rendus coupables.

634. Tout attentat contre la liberté individuelle, base essentielle de la constitution française, sera puni ainsi qu'il suit :

Tout homme, quelle que soit sa place ou son emploi, autre que ceux qui ont reçu de la loi le droit d'arrestation, qui donnera, signera, exécutera l'ordre d'arrêter une personne vivant sous l'empire et la protection des lois françaises, ou l'arrêtera effectivement, si ce n'est pour la remettre sur-le-champ à la police, dans les cas déterminés par la loi, sera puni de la peine de six années de gêne.

635. Si ce crime était commis en vertu d'un ordre émané du pouvoir exécutif, les membres du directoire exécutif ou les ministres qui l'auront signé, seront punis de la peine de douze années de gêne.

636. Tout geôlier et gardien de maisons d'arrêt, de justice, de correction, ou de prison pénale, qui recevra ou retiendra ladite personne, sinon en vertu de mandat, ordonnance, jugement ou autre acte légal, sera puni de la peine de six années de gêne.

637. Quoique ladite personne ait été arrêtée en vertu d'un acte légal, si elle est détenue dans une maison autre que les lieux légalement et publiquement désignés pour recevoir ceux dont la détention est autorisée par la loi, tous ceux qui auront donné l'ordre de la détenir, ou qui l'auront détenue, ou qui auront prêté leur maison pour la

détenir, seront punis de la peine de six années de gêne.

Si ce crime était commis en vertu d'un ordre émané du pouvoir exécutif, les membres du directoire exécutif ou les ministres qui l'auront signé, seront punis de la peine de douze années de gêne.

638. Quiconque sera convaincu d'avoir volontairement et sciemment supprimé une lettre confiée à la poste, ou d'en avoir brisé le cachet et violé le secret, sera puni de la peine de la dégradation civique.

Si le crime est commis, soit en vertu d'un ordre émané du pouvoir exécutif, soit par un agent du service des postes, les membres du directoire exécutif ou les ministres qui en auront donné l'ordre, quiconque l'aura exécuté, ou l'agent du service des postes qui sans ordre aura commis ledit crime, seront punis de la peine de deux ans de gêne.

Il n'est porté par le présent article aucune atteinte à la surveillance que le gouvernement peut exercer sur les lettres venant des pays étrangers, ou destinées pour ces mêmes pays.

639. S'il émanait du pouvoir exécutif quelque acte ou quelque ordre pour soustraire un de ses agens, soit à la poursuite légalement commencée de l'action en responsabilité, soit à la peine prononcée légalement en vertu de ladite responsabilité, les membres du directoire exécutif ou les ministres qui auront signé ledit ordre ou acte, et quiconque l'aura exécuté, seront punis de la peine de dix ans de gêne.

640. Dans tous les cas mentionnés au présent titre, ainsi que dans la première section du titre premier de la seconde partie du code pénal, où les membres du directoire exécutif et les ministres sont rendus responsables des ordres qu'ils auront

donnés ou signés, ils pourront être admis à prouver que leur signature a été surprise ; et en conséquence les auteurs de la surprise seront poursuivis, et s'ils sont convaincus, ils seront condamnés aux peines que les membres du directoire exécutif ou le ministre auraient encourues.

APPENDICE

À LA SECTION V DU TITRE PREMIER DE LA SECONDE PARTIE DU CODE PÉNAL, INTITULÉE :

Crimes des fonctionnaires publics dans l'exercice des pouvoirs qui leur sont confiés.

641. Il y a forfaiture de la part des juges, lorsque, dans les cas déterminés et précisés par la loi seulement, ils commettent quelque délit ou crime dans l'exercice de leurs fonctions.

642. La peine de la forfaiture consiste dans la déclaration du tribunal, que celui qui en est convaincu est incapable de remplir aucune fonction ou emploi public, et d'exercer aucun droit de citoyen pendant vingt ans.

643. Cette peine est indépendante de celles qui sont établies par les lois pénales ; elle se prononce cumulativement avec celles portées contre les différens délits ou crimes ; elle se prononce seule lorsqu'il n'y en a pas d'autre décernée par la loi.

644. Sont coupables de forfaiture,

1.º Les juges des tribunaux civils de département, qui ne convoqueraient pas les assemblées primaires dans le cas prévu par l'article 105 de la constitution ;

2.º Les juges qui prononceraient ou signeraient un jugement sur la recherche et l'accusation d'un citoyen qui est ou qui aurait été membre du corps législatif, à raison de ce qu'il a dit ou écrit dans l'exercice de ses fonctions ;

3.° Les juges de paix ou autres qui, hors les cas prévus par les articles 112 et 113 de la constitution, auraient donné l'ordre de saisir ou d'arrêter un membre du corps législatif ;

4.° Tout juge qui s'immiscerait dans l'exercice du pouvoir législatif, en faisant des réglemens, ou qui se permettrait d'arrêter ou de suspendre l'exécution de la loi dans l'étendue de sa juridiction ;

5.° Tout officier de police qui n'a point exprimé formellement les motifs de l'arrestation dans un mandat d'arrêt, et cité la loi qui l'autorise à le décerner ;

6.° Tout officier de police sur l'ordre duquel un citoyen aurait été retenu en chartre privée, sans avoir été conduit dans la maison d'arrêt, de justice ou de détention ;

7.° Tout juge civil ou criminel, tout juge de paix, tout assesseur de juge de paix qui, moyennant argent, présent ou promesse, a trafiqué de son opinion ou de l'exercice du pouvoir qui lui est confié ;

8.° Les accusateurs publics, dans le cas prévu par l'article 279 ;

9.° Les présidens des tribunaux criminels, dans le cas de l'article 295.

645. Les autres délits dont les juges peuvent se rendre coupables dans l'exercice de leurs fonctions, ne donnent lieu à leur destitution qu'autant qu'elle est une suite nécessaire de la peine prononcée par la loi.

De la manière dont les tribunaux criminels doivent prononcer, lorsque les accusés sont déclarés excusables par les jurés.

646. Lorsque le jury a déclaré que le fait de l'excuse proposée par l'accusé est prouvé, s'il

s'agit d'un meurtre, le tribunal criminel prononce ainsi qu'il est réglé par l'article 9 de la section première de la seconde partie du code pénal.

S'il s'agit de tout autre délit, le tribunal réduit la peine établie par la loi, à une punition correctionnelle qui, en aucun cas, ne peut excéder deux années d'emprisonnement.

FORMULES

des divers actes relatifs à la procédure par jurés.

Nota. Ces formules sont exactement faites d'après la lettre de la loi ; on ne doit donc pas se permettre d'en changer ou omettre les moindres dispositions, car chacune d'elles correspond à quelque article de la loi. Il a été impossible de spécifier tous les cas ; toutes les circonstances qui peuvent caractériser un délit ; c'est aux officiers de police, aux directeurs du jury et autres fonctionnaires publics chargés de la suite de la procédure du jury, à se bien pénétrer de l'esprit de la loi, de manière qu'ils puissent y conformer toutes les opérations dans les cas les plus difficiles, les plus minutieux et les moins prévus.

PLAINTE

AU CITOYEN JUGE DE PAIX, OFFICIER DE POLICE JUDICIAIRE DU CANTON DE

(Cette forme est pour les cas où la plainte est rédigée par le plaignant ou son fondé de pouvoir.)

Pierre   , laboureur, demeurant à   tant en son nom personnel que comme fondé de la procuration spéciale de Jacques   , passée devant notaires et témoins,

le   , laquelle sera annexée à la présente plainte,
vous représente que cejourl'hui , quatre heures du matin,
plusieurs particuliers inconnus , à l'exception d'un seul,
qui se nomme Claude   , journalier
à   , se sont introduits dans sa maison ,
située à   ; qu'ils ont crocheté la serrure
de la porte qui conduit à   et ont brisé
une armoire fermant à clef, dans une chambre donnant
sur la cour, au rez - de - chaussée ; que, sur les bruits
occasionnés par les effractions de ces particuliers, les
nommés Jacques   et Antoine
        tous deux domestiques du plaignant, couchés
dans une chambre voisine, sont descendus et ont rencontré lesdits particuliers exportant des paquets et
autres objets qu'ils n'ont pu distinguer ; que ledit
Jacques leur ayant demandé pourquoi ils se trouvaient
à cette heure dans ladite maison, l'un d'eux, qu'il
n'a pu connaître, jetant à terre le paquet qu'il tenait,
présenta auxdits Jacques et Antoine deux pistolets,
en les menaçant de les tuer s'ils osaient faire le
moindre mouvement ; que ledit Jacques a jeté un cri
qui a porté l'alarme dans la maison, et auquel sont
accourus ledit plaignant, son fils et ses autres domestiques ; qu'ils entendirent en ce moment tirer deux
coups de pistolet, et qu'étant arrivés, ils trouvèrent
Antoine   mort, et Jacques renversé à
terre, ayant reçu une balle dans la cuisse, et plusieurs
coups de bâton sur la tête, sans que néanmoins il eût
perdu connaissance ; que ledit blessé ayant indiqué de
quel côté lesdits particuliers s'étaient enfuis, le fils
du plaignant a suivi leurs traces, et est revenu quelques
minutes après, tenant au collet ledit Claude
        , dont les compagnons n'avaient pu être saisis,
mais que l'on soupçonne n'être pas sortis de la maison, attendu que ledit plaignant en a fait garder toutes
les issues ; que ledit Pierre   a pris

le parti de venir aussitôt vous rendre plainte desdits faits, et de conduire par-devant vous ledit Claude   , trouvé saisi d'une montre, et de deux gobelets d'argent appartenant audit Pierre   ; que ledit Jacques   , blessé, ne pouvant se transporter lui-même, a fait venir un notaire, qui, en présence de témoins, a rédigé la plainte spéciale annexée à la présente plainte ; pour quoi ledit Pierre   , tant en son nom que comme fondé de ladite procuration, déclare qu'il vous rend plainte des faits ci-dessus énoncés, dont il offre d'affirmer la vérité, et qui seront attestés par les témoins amenés avec lui ; demande acte de la remise qu'il fait en vos mains de la personne dudit Claude   , ainsi que de la montre et des gobelets d'argent dont il a été trouvé saisi ; et vous requiert d'agir conformément à la loi   . Signé (à toutes les pages) Pierre   , tant pour moi que comme fondé de procuration spéciale de Jacques

L'officier de police signe aussi à toutes les pages, et met au bas :

La présente plainte signée de nous a été présentée le   à dix heures du matin, par ledit Pierre   tant en son nom personnel que comme fondé de la procuration spéciale de Jacques   , annexée à ladite plainte, et paraphée de nous et dudit Pierre   , lequel a affirmé, sur notre réquisition, que les faits étaient tels qu'il les avait exposés dans ladite plainte ; en conséquence, avons donné acte audit Pierre   de la remise qu'il fait en nos mains de la personne dudit Claude   , présent ; et attendu la présence des témoins amenés par ledit

, nous avons reçu les déclarations
desdits témoins sur les faits contenus en sa plainte,
desquelles déclarations il a été tenu note par notre
greffier, pour servir et valoir ce qu'il appartiendra.
Au surplus, disons que, sur-le-champ, nous nous
transporterons sur le lieu du délit, pour être fait visite
par un chirurgien, tant du mort que du blessé, et
perquisition dans la maison dudit Pierre
, et prendre tous les éclaircissemens relatifs
aux délits dont est question en la présente plainte ; à
l'effet de quoi ledit Claude   sera
reconduit sous bonne et sûre garde à ladite maison,
pour être présent aux opérations qui pourront être
faites, et recevoir ses déclarations.

A   , ce
Signé

                              juge de paix.

Si la partie ne rédige pas la plainte et requiert
l'officier de police de la rédiger, celui-ci dresse
le procès-verbal en cette forme :

L'an   le
dix heures du matin, s'est présenté par-devant nous
                    juge de paix, officier de police
judiciaire du canton de   , Pierre
, lequel nous a requis de rédiger la
plainte qu'il vient nous rendre des faits ci-après détaillés ;
à quoi nous avons procédé d'après les déclarations dudit
Pierre   , qui nous a dit que ce matin, &c.
tous lesquels faits il a affirmés être tels qu'il les a
déclarés, et a signé avec nous au bas de chaque page
du présent acte, tant en son nom que comme, &c.
            sur quoi nous, &c.

PROCÈS-VERBAL DE TRANSPORT DE L'OFFICIER DE POLICE JUDICIAIRE.

(Ce transport a également lieu, soit dans le cas où la cause de la mort est inconnue et suspecte, soit sur l'avis donné à l'officier de police, ou la connaissance qu'il aura de quelque manière que ce soit, d'un délit, sans qu'il soit besoin d'une plainte.)

L'an   le

        heures du matin, nous, en conséquence de notre ordonnance apposée au bas de la plainte à nous rendue cejourd'hui par Pierre   (ou sur l'avis qui nous a été donné, ou étant instruits par la rumeur publique, qu'il s'était commis à)
étant accompagnés du citoyen   chirurgien, demeurant à   , dont nous avons requis l'assistance, à l'effet d'être en sa présence procédé aux opérations ci-après, dont nous lui avons fait connaître l'objet, pour y visiter, tant le particulier mort que le blessé, dont il est fait mention en la plainte dudit   , nous nous sommes transportés en la maison ou demeure de   sise à   rue   , où étant entrés, nous avons requis ledit Pierre
de tenir fermées les portes de sa maison, afin que qui que ce soit ne s'en éloigne sans notre permission, jusqu'à ce que nous ayons procédé aux opérations qui font le sujet de notre transport. Nous avons aussi requis les citoyens   , gendarmes nationaux, présens, de faire perquisition dans toute la maison dudit Pierre   , où on soupçonnait que pouvaient s'être réfugiés les complices dudit   ; ce qu'ils ont fait sans avoir pu rien découvrir.

De suite, Pierre   nous a conduits vers une

chambre donnant sur la cour, au rez-de-chaussée ; nous avons remarqué des traces de sang depuis l'allée qui conduit à ladite chambre jusqu'à l'endroit où était déposé le corps mort que nous avons trouvé exposé en ladite chambre, sur

Nous avons requis ledit   chirurgien, d'en faire la visite à l'instant ; à quoi procédant, ledit   a remarqué que

(il déclare si l'individu paraît être mort tout récemment, et quelles sont les blessures, &c.) *Desquelles déclarations il résulte que ledit est mort de mort violente, et qu'il a été tué par une arme à feu ; en conséquence et attendu que la cause de sa mort est connue, et que toutes autres recherches à cet égard seraient inutiles, nous avons déclaré que rien ne s'opposait à ce que ledit corps ne fût inhumé suivant les formes ordinaires. Nous avons ensuite sommé ledit Jacques   de nous dire s'il reconnoissait ledit particulier : A répondu, non ; — s'il n'était pas vrai qu'il eût tiré un coup de pistolet : A répondu, non, et que ses compagnons seuls avaient tiré ; — pourquoi il se trouvait à l'heure de   dans la maison : A dit qu'il avait été excité par ses compagnons ; — pourquoi il emportait les effets dont il avait été saisi : A répondu que, &c.* (L'on prend ainsi tous les renseignemens possibles, tant de l'accusé que de toutes les personnes qui se sont trouvées présentes au délit, ou qui en ont quelque connaissance directe ou indirecte ; et on fait signer à tous leurs déclarations. L'officier de police constate aussi l'état des portes et serrures brisées.) *Nous nous sommes de suite, et accompagnés du même chirurgien, transportés en la chambre où était ledit Jacques, que nous avons trouvé couché dans un lit.* (On reçoit les déclarations de Jacques   ; le

chirurgien constate son état; on interroge de nouveau
le prévenu s'il reconnaît le malade, &c.) *Desquels*
examen, visites et déclarations, il résulte qu'il existe
meurtre et vol avec effraction, que ces délits sont de
nature à mériter peine afflictive; que ledit Claude
        a été trouvé saisi d'effets appartenant
audit Pierre, et pris à l'instant même du délit et
dans le lieu où il s'est commis, et que dans lesdites
déclarations, les nommés Victor
et Guillaume   , absens, se trouvent
fortement soupçonnés de complicité; pour quoi nous nous
sommes déterminés à faire conduire sur-le-champ ledit
Claude   à la maison d'arrêt de l'arron-
dissement de   , et à citer par-devant
nous ledit   (et autres), suivant la
forme indiquée par la loi. Nous avons en conséquence,
et conformément à l'article 70 du code des délits et
des peines, délivré un mandat d'arrêt, à l'effet de
faire conduire sur-le-champ ledit Claude
à la maison d'arrêt de l'arrondissement de
et un mandat d'amener contre lesdits Victor et Guillaume
(et autres), et avons de ce que dessus dressé le procès-
verbal. (L'officier de police et les notables signent.)

CÉDULE POUR APPELER LES TÉMOINS.

Étienne   , juge de paix ou
officier de la gendarmerie nationale, officier de police
judiciaire
                ou directeur du jury de l'arrondissement de
                          où président du tri-
bunal criminel du département de   ,
mandons et ordonnons à tous huissiers ou gendarmes
nationaux d'assigner Claude
Jacques   et   , témoins indiqués par
                          , et tous autres qui pour-

raient être indiqués par la suite, à comparaître en
personne par-devant nous, le
heure , pour faire leurs déclarations sur les faits et
circonstances contenus en la plainte rendue par Pierre
, &c. Fait à , le
. Signé

ASSIGNATION EN VERTU DE LA CÉDULE CI-DESSUS.

L'an , en vertu de la cédule
délivrée par le , j'ai
, huissier ou gendarme national de
, assigné Claude
demeurant à , à comparaître le
heure , par-devant
, demeurant à , à l'effet de
faire sa déclaration sur les faits dont est question en
la plainte mentionnée dans ladite cédule ; lui déclarant
que, faute de comparaître sur la présente assignation,
il y sera contraint par les voies indiquées par la loi ;
et j'ai audit laissé copie, tant de
ladite cédule que du présent acte. Signé

PROCÈS-VERBAL DES DÉCLARATIONS DES TÉMOINS.

L'an , le par-
devant nous officier de police judiciaire
ou directeur
du jury de l'arrondissement de , ou
président du tribunal criminel du département de
, sont comparus (tels, tels), témoins
amenés par ou appelés en vertu de la
cédule délivrée par nous le , à

l'effet de déclarer les faits et circonstances qui sont
à leur connaissance, au sujet du délit dont est question
en la plainte rendue par Pierre
&c. Lesquels témoins susnommés ont fait leur déclaration
ainsi qu'il suit : Claude   demeurant à   , âgé de   ,
a dit n'être parent, allié, serviteur ni domestique du
plaignant ni du prévenu, et déclare que le
heure de   , il a vu, &c. et a signé
ladite déclaration ou déclaré ne savoir signer.

(Toutes les déclarations se rédigent ainsi sans
autre forme.)

MANDAT D'AMENER.

DE PAR LA LOI.

Étienne   , juge de paix et officier
de police judiciaire du canton de   , district
de   , département de   ,
demeurant à   , mandons et ordonnons à
tous exécuteurs de mandemens de justice d'amener par-
devant nous, en se conformant à la loi, le citoyen
Victor   , maçon, demeurant à
                    , rue   , âgé d'environ
              , taille de   , cheveux
bruns, pour être entendu sur les inculpations dont ledit
Victor   est prévenu.

Requérons tous dépositaires de la force publique,
de prêter main-forte, en cas de nécessité, pour l'exécution du présent mandat.

A   (date, signature de l'officier
de police, sceau de l'officier de police.)

PROCÈS-VERBAL DRESSÉ PAR LE PORTEUR D'UN MANDAT D'AMENER.

L'an   , je
soussigné, en vertu du mandat d'amener délivré par

, officier de police judiciaire, le
, signé de lui et scellé, me suis transporté au domicile de Victor   demeurant à
          , auquel, parlant à sa personne, j'ai
notifié le mandat d'amener dont j'étais porteur, le
requérant de me déclarer s'il entend obéir audit mandat
et se rendre par-devant ledit   , officier
de police. Ledit citoyen   m'a répondu
qu'il était prêt à obéir à l'instant; en conséquence,
j'ai conduit ledit   par-devant le
          , officier de police judiciaire de
pour y être entendu et être statué à son égard ce qu'il
appartiendra; et j'ai de tout ce que dessus dressé le
présent procès-verbal.

(Si l'inculpé refuse d'obéir, l'huissier doit se
conduire ainsi qu'il va être dit): lequel m'a répondu
qu'il ne voulait point obéir audit mandat d'amener. Je
lui ai vainement représenté que sa résistance injuste
ne pouvait le dispenser d'obéir au mandement de la
justice, et m'obligeait à user des moyens de force
que j'étais autorisé à employer par la loi; ledit
          s'est obtiné à refuser d'obéir au mandat;
en conséquence l'ai saisi et appréhendé au corps, étant
assisté de   gendarmes nationaux du
département de   , résidant à
desquels j'ai requis l'assistance pour que force demeure
à justice; j'ai conduit ledit   par-devant, &c.

MANDAT D'ARRÊT.

DE PAR LA LOI.

Étienne   , juge de paix, officier de
police, du canton de   , district de
          département de   , en vertu de
l'article 70 du code des délits et des peines, mandons
                                        et

et ordonnons à tous exécuteurs de mandemens de justice, de conduire à la maison d'arrêt du district de
     , Claude   , journalier, demeurant
à   , prévenu de complicité d'un vol avec effraction, et des meurtres commis le
       , en la maison de Pierre   ;
mandons au gardien de ladite maison d'arrêt de le recevoir ; le tout en se conformant à la loi. Requérons tous dépositaires de la force publique, auxquels le présent mandat sera notifié, de prêter main-forte pour son exécution, en cas de nécessité. (Date, signature, sceau.)

DÉSISTEMENT DE LA PLAINTE
dans les vingt-quatre heures par le plaignant.

L'an   , le   , heure de
      , Pierre   s'est présenté devant nous, et nous a déclaré qu'il se désistait purement et simplement de la plainte par lui portée devant nous le   , au sujet (on spécifie le délit) et dont les circonstances sont détaillées en ladite plainte, n'entendant donner aucune suite à la dénonciation du délit, pour quoi il nous requiert de biffer et anéantir ladite plainte. Nous, attendu que le délai de vingt-quatre heures fixé par la loi n'est pas encore expiré, avons donné acte audit   de son désistement ; en conséquence avons biffé, en sa présence, ladite plainte sur le registre ou feuille où elle était inscrite, (ou bien) avons donné acte audit   de son désistement ; et attendu que le délit énoncé dans la plainte intéresse l'ordre public, nous avons pris ladite plainte pour dénonciation ; en conséquence disons qu'elle subsiste, à l'effet d'être procédé, conformément à la loi, à la poursuite du délit dont il s'agit ; et avons de ce que dessus dressé le présent acte. (Signé le plaignant et l'officier de police.)

K

DÉNONCIATION CIVIQUE.

L'an   le   , Jacques
                    demeurant à   , s'est
présenté devant nous, et nous a déclaré que passant
dans la rue de   , cejourd'hui, six heures
du matin, il avait aperçu deux hommes vêtus de
                    taille de   , lesquels
armés chacun d'un fusil, s'étaient saisis d'un particulier sortant d'une maison donnant sur ladite rue,
numérotée   , lequel, malgré sa résistance
et après l'avoir maltraité, ils avaient emmené et fait
entrer par force dans une voiture qui se trouvait au
coin de ladite rue   vis-à-vis une maison
où on entre par une allée étroite, fermée d'une petite
porte ; que là, les deux particuliers et la personne par
eux enlevée, étaient descendus et entrés dans ladite allée
dont la porte a été sur-le-champ fermée ; que ledit
                    et deux voisins qu'il a conduits par-
devant nous pour déposer desdits faits, s'étant approchés
et ayant prêté l'oreille, ils entendirent une voix qu'ils
croient être celle du particulier maltraité, et qui
s'exhalait en reproches contre les violences exercées
envers un citoyen innocent ; que ledit   et
les deux autres témoins, ayant demandé au cocher qui
conduisait ladite voiture, s'il connaissait les personnes
entrées dans ladite maison, il leur répondit qu'il soupçonnait, &c. (on détaille toutes les circonstances) ;
que ledit   certain que la maison où avait
été conduit le particulier enlevé en sa présence, n'était
pas un lieu de détention, et convaincu que cet attentat
à la liberté d'un citoyen, ne pouvait être que l'effet
d'un abus d'autorité ou d'un complot criminel, venait
nous dénoncer ce délit, dont les témoins qu'il avait
amenés attesteraient les circonstances qui sont à leur
connaissance. Sur quoi, nous, ouï l'exposé dudit
                    , nous lui avons demandé s'il était prêt à

signer et affirmer la dénonciation, et s'il voulait donner
caution, de la poursuivre. Ledit   a
répondu qu'il était prêt à signer sa déclaration et en
affirmer la vérité; qu'à l'égard de la caution, son
intention n'était pas de la fournir, ni de poursuivre en
son nom le délit par lui dénoncé; vu lequel refus, et
attendu néanmoins que le fait déclaré par ledit
                          s'il était avéré, serait un délit punissable,
et qu'il importe à l'ordre public de vérifier l'existence
et les circonstances d'un pareil attentat;

Après avoir entendu la déclaration de
et de   demeurant à   , témoins
amenés par ledit   ; lesquels nous ont dit,
savoir   et l'autre
laquelle déclaration est conforme à l'exposé dudit
                          ; nous disons qu'à l'instant même
nous nous transporterons rue   dans la
maison   , à l'effet d'y faire perquisition,
et de prendre tous les renseignemens et éclaircissemens
nécessaires, pour être ensuite procédé par nous, ainsi
qu'il sera convenable, et conformément à la loi.
(Signé   la dénonciateur; les témoins,
l'officier de police.)

ACTE D'ACCUSATION.

Le directeur du jury de l'arrondissement de
                  expose que le   du mois
le citoyen   gendarme national du
département de   , demeurant à
          porteur du mandat d'arrêt, délivré le
          par   juge de paix et officier
de police judiciaire du canton de   , contre
Jacques   prévenu d'avoir
a conduit à la maison d'arrêt de l'arrondissement de
          , la personne dudit

1. a.   K. 2

et remis les pièces concernant ledit   au greffe du directeur du jury ; qu'aussitôt ladite remise, ledit Jacques   a été entendu par le directeur du jury sur les causes de sa détention ; que le citoyen Pierre   partie plaignante, dénommé dans lesdites pièces, ne s'étant pas présenté dans les deux jours (1) de la remise du prévenu en la maison d'arrêt, le directeur du jury a procédé à l'examen des pièces relatives aux causes de la détention et de l'arrestation dudit   ; qu'ayant vérifié la nature du délit dont est prévenu ledit Jacques, il avait trouvé que ce délit était de nature à mériter peine afflictive ou infamante ; et qu'en conséquence, après avoir entendu le commissaire du pouvoir exécutif, il a rendu le   une ordonnance par laquelle il a traduit le prévenu devant le jury d'accusation. En vertu de cette ordonnance, le directeur du jury a dressé le présent acte d'accusation, pour, après les formalités requises par la loi, être présenté au jury d'accusation. Le directeur du jury déclare en conséquence, qu'il résulte de l'examen des pièces, et notamment du procès-verbal dressé le   par   officier de police judiciaire dudit canton de   lequel procès-verbal est annexé au présent acte, que le   jour, heure de   Il a été commis un vol dans la maison de   située à   , rue   ; que les voleurs se sont introduits dans une chambre donnant   , dont ils ont brisé la porte ; qu'ils ont forcé la serrure d'une armoire   , &c. que Jacques

(1) Si la partie plaignante se présente dans les deux jours, l'acte d'accusation est dressé en son nom, et la formule en est la même, sauf qu'il en faut retrancher toute la partie où le directeur du jury expose qu'il intervient à défaut du plaignant.

demeurant à .... , et détenu en la maison d'arrêt
du district de

est prévenu d'avoir commis ledit vol; que ledit Jacques
a déclaré au directeur du jury soussigné, qu'à la vérité,
il s'était introduit avec deux autres particuliers, qu'il a
refusé de nommer, dans la maison et la chambre sus-
désignées; mais qu'il n'a participé en aucune manière
au vol dont il s'agit; &c. . . . . ; qu'il résulte de
tous ces détails, attestés par le susdit procès-verbal,
que le vol dont il s'agit a été commis avec effraction
extérieure et intérieure; sur quoi les jurés auront à
prononcer s'il y a lieu à accusation contre ledit Jacques,
à raison du délit mentionné au présent. Fait à
.... le .... (Le directeur du
jury signe.)

Vu par le commissaire du pouvoir exécutif le
(date et signature.)

ORDONNANCE DE PRISE-DE-CORPS.

Nous, ... juge du tribunal civil du
département de .... et directeur du jury de
l'arrondissement de .... vu la déclaration des
jurés étant au bas de l'acte d'accusation, dont la teneur
suit .... , laquelle déclaration à nous remise
cejourd'hui par le chef desdits jurés, en leur présence,
porte qu'il y a lieu à l'accusation mentionnée audit
acte; ordonnons, en vertu de l'article 258 du code
des délits et des peines, que ledit Jacques
.... (désigner les nom, prénom, profession,
domicile, et signalement de l'accusé), sera prs
au corps et conduit directement en la maison de justice
du tribunal criminel de .... (soit de celui
de .... entre lesquels il pourra
opter dans le délai et en la forme indiqués par
la loi.)

Mandons et ordonnons de mettre à exécution la

présente ordonnance, dont sera laissé copie audit
, et qui sera par nous notifiée, conformément
à la loi, tant à la municipalité de la commune de
qu'à celle dudit   où ledit
Jacques   était domicilié. A
le   (Signé   )

Si le prévenu est détenu en la maison d'arrêt,
l'ordonnance portera :

Ordonnons que ledit Jacques   détenu
en la maison d'arrêt du district de   ,
sera transféré et conduit de ladite maison
en la maison de justice du tribunal criminel, &c.

Si le prévenu a déjà été reçu à caution, l'ordonnance portera :

Vu la déclaration du jury, et attendu que ledit
a déjà été reçu à caution par-devant le juge de paix du
canton de   , lui enjoignons, en conformité de
l'art. 257 du code des délits et de peines, de comparaître
à tous les actes de la procédure criminelle qui sera instruite
contre lui au tribunal criminel du département de
établi à   ; en conséquence,
d'élire domicile dans ladite ville, et de le notifier au commissaire du pouvoir exécutif près ledit tribunal : le tout
à peine d'y être contraint par corps. A   le

SIGNIFICATION AU JURÉ
que son excuse n'a point été admise.

L'an   le   , à la réquisition
de   directeur du jury de l'arrondissement
de   , j'ai   signifié à
demeurant à   l'un des citoyens
inscrits sur la liste pour former le jury d'accusation,
que l'excuse par lui proposée pour être dispensé de se
rendre à l'assemblée du jury d'accusation le

prochain, a été jugée non valable par ledit directeur
du jury; que d'après cette décision, le nom dudit
a été soumis au sort pour la formation du jury d'accusation, et qu'il est du nombre des huit citoyens com-
posant ledit tableau; qu'en conséquence ledit
                         est sommé de se rendre le   ,
jour fixé pour l'assemblée du jury d'accusation; lui
déclarant que faute par lui de se trouver auxdits jour,
lieu et heure, il sera condamné aux peines prononcées
par la loi; et j'ai laissé copie du présent acte, tant
audit   qu'à   agent ou officier municipal dudit lieu de   -   . (domicile
du juré.)

(Cette signification est la même pour le jury
de jugement; il n'y a que les termes à changer.)

JUGEMENT DU TRIBUNAL CRIMINEL.

AU NOM DU PEUPLE FRANÇAIS.

Vu par le tribunal criminel du département de
                  l'acte d'accusation dressé le
contre Jacques   , par Pierre   , partie
plaignante (ou par le directeur du jury de l'arrondissement de   ) et dont la teneur suit :

                              la déclaration du jury
d'accusation de l'arrondissement de
écrite au bas dudit acte le   , et portant
qu'il y a lieu à l'accusation mentionnée audit acte;
l'ordonnance de prise-de-corps rendue le même jour par
le directeur du jury dudit arrondissement, contre ledit
Jacques; le procès-verbal de la remise de sa personne
en la maison de justice du département; en date du
            (si le jugement est par contumace,
on vise les ordonnances et les procès-verbaux pres-
crits par la loi); et la déclaration du jury de jugement,
en date de ce jour, portant que..... (transcrire la
déclaration du jury de jugement)   ;

le tribunal, après avoir entendu le commissaire du pouvoir exécutif, condamne Jacques
à (exprimer la peine) conformément à l'article
du tit.   du code pénal, dont il a été fait lecture,
lequel est ainsi conçu : (insérer le texte.)

Ordonne, conformément à l'art.   du tit.
du code pénal, dont il a été fait pareillement lecture,
et qui est ainsi conçu : . . . . . . que ledit
sera exposé pendant   heures sur un échaffaud,
qui sera pour cet effet dressé sur la place publique
de cette commune.

Ordonne que le présent jugement sera mis à exécution, à la diligence du commissaire du pouvoir exécutif. Fait à   le   en l'audience du
tribunal, où étaient présens   juges du
tribunal, qui ont signé la minute du présent jugement.

Visé par le représentant du peuple, inspecteur aux
procès-verbaux. Signé ENJUBAULT.

Collationné à l'original, par nous président et secrétaires de la Convention nationale. A Paris, le 4
Brumaire, an quatrième de la République française,
une et indivisible. Signé GENISSIEU, président ;
GLEIZAL, AUGER, secrétaires.

Certifié conforme :

Les membres de l'Agence de l'envol des Lois,

À PARIS, DE L'IMPRIMERIE DE LA RÉPUBLIQUE.